I0777065

RONCO
Edizioni

www.matrimonioindimoradepoca.it/libro

DANILO RONCO

Matrimonio
in dimora d'epoca
Flop o Favola?

Scopri il metodo per organizzare
il tuo matrimonio
evitando tutti i rischi e problemi
che una struttura antica nasconde
e che nessuno ti rivela

Ringraziamenti

Scusa ma prima di iniziare devo fare dei ringraziamenti a coloro che hanno contribuito all'uscita di questo libro.

Innanzitutto a **Roberto di Carlo** e **Stefano Melaragni** wedding coach di Master Wedding e fondatori della Wedding Revolution che mi hanno "spronato" a scrivere questo libro, senza il loro prezioso contributo sicuramente non mi sarebbe nemmeno venuto in mente di farlo.

Ringrazio la mia meravigliosa **sorellina Paola** con le sue tre lauree, il suo compagno **Luciano** e l'amica **Roberta Saimandi** per avermi aiutato con la stesura del testo, avevo la scusa di aver fatto quasi tutte le scuole in Danimarca.

Ringrazio i miei fidati collaboratori **Marianna** di **Amicaweb** per avermi dato i feedback giusti e le idee per scrivere e **Fabio**, il mio **direttore**, per avermi dato il tempo di scrivere sostituendomi in molte mansioni importanti!

Ringrazio anche il fotografo **Jesus Castellano** per la magnifica foto della copertina, anche se con un soggetto così si vince facile...

Ringrazio anche la meravigliosa e bravissima **Maria Anabel Rauber** per la simpaticissima caricatura, certo che mi sarei visto bene da nobile... e naturalmente ringrazio la mia "socia" e fantastica **moglie**, **Loredana**, che mi sopporta da quasi vent'anni e mi ha regalato due stupendi **figli**: **Sofia** e **Alberto**... è inoltre colei che ha dato il titolo al libro...

Ed infine ringrazio con un grande abbraccio i miei fantastici genitori, **mamma Carla** e **papà Giuseppe**, che mai avrebbero immaginato che loro figlio un giorno potesse scrivere un libro!

E soprattutto un ringraziamento a te che stai leggendo!
Buona lettura!

Un castellano doc

Quando pensi alla figura del proprietario di un castello ti viene in mente una persona triste e stanca, che è diventata "decadente" insieme al suo maniero. Abiti dismessi, barba lunga, andamento lento, maniere scostanti e atteggiamento burbero. Quando ci siamo trovati davanti Danilo, lui stesso ha cancellato quest'immagine in mezzo secondo, perché la sua energia arriva ancora prima di incontrarlo. In questo libro concentra tutta la sua forza di imprenditore attento ad un servizio tanto difficile quanto complicato. E la sua esperienza ventennale con più di 2500 matrimoni all'attivo arriva tutta. Si sente in ogni passaggio il peso della sua esperienza diretta a contatto con le coppie di sposi, con le loro ansie ma soprattutto con le loro aspettative, che giustamente sono altissime per un giorno così speciale come quello del matrimonio. Se dovessimo usare tre parole per cercare di racchiudere una figura così coinvolgente, esse sarebbero: **Energia, Esperienza, Eclettismo.**

La sua Energia ci ha coinvolti fin da subito e ci ha accompagnato in ogni momento del nostro percorso insieme. Esce da questo libro tra una parola e l'altra, trasportando il lettore in scene che sembrano reali, a portata di mano.

La sua Esperienza è stata fonte di conoscenza anche per noi, mille aneddoti legati ad altrettanti matrimoni dai quali ognuno può imparare davvero molto. Non esistono persone perfette dalla nascita, ma la perfezione la si raggiunge solo dopo aver percorso un lungo cammino e aver affrontato numerosi problemi.

L'Eclettismo poi è stata la chiave che ci ha fatto affezionare a Danilo in un modo che possiamo definire indissolubile. Quando scopri le mille sfaccettature della sua personalità, quando scopri il Danilo navigatore che ti porta con sé nei suoi racconti di traversate oceaniche non puoi far altro che ascoltarlo ad occhi aperti. Quando poi scopri il Danilo inventore non credi alle tue orecchie, lui che mette a sedere ingegneri, chimici, e imprenditori per far scoprire loro la sua invenzione segreta che salverà il mondo dall'inquinamento.

Ogni minuto passato con lui è speso al meglio, in una cordialità di altri tempi che ti abbraccia e ti fa sentire l'ospite più gradito del castello.

Un castellano doc di cui vale la pena leggere la storia e ascoltare i consigli, se il sogno di una coppia di sposi è quello di festeggiare il proprio matrimonio in una **dimora storica.**

L'unico che a parere nostro sia in grado davvero di poter dire la sua su questo argomento tanto complesso.

Roberto di Carlo e Stefano Melaragni
WEDDING BUSINESS COACH – MASTER WEDDING

Introduzione

Se hai deciso di leggere questo libro è perché hai sicuramente intenzione di scegliere per il tuo giorno più importante un luogo unico e suggestivo, come solo ville antiche, dimore d'epoca e castelli medievali possono essere.

Strutture che racchiudono *eleganza*, *romanticismo*, *lusso*, *storia*, *nobili* e *regnanti*: insomma, una vera **favola** come quelle dei libri che ti hanno fatto sognare fin da bambina.

Ci hai mai pensato però a cosa succederebbe, durante il giorno del tuo matrimonio, se...

Se facesse troppo caldo?
Se facesse troppo freddo e tirasse vento?
Se piovesse a dirotto?
Se gli ospiti aumentassero o diminuissero troppo?
Se le sale antiche fossero troppo piccole e anguste?
Se ci fossero tantissimi gradini e dislivelli oppure bagni scomodi?
Se il catering e la location non fossero coordinati?

E, credimi, sono in agguato anche molte altre problematiche che potrebbero capitarti in una struttura antica, costruita all'epoca non di certo per festeggiare banchetti di nozze, tanto meno secondo le necessità e le aspettative dei matrimoni del nuovo millennio.

Così ho deciso di scrivere questo libro con l'intento di far capire a te, futura sposa, che l'organizzazione del tuo matrimonio è difficoltosa solo per il fatto che è un'esperienza che tu e il tuo compagno non avete mai provato (almeno per qualcuno).

Ho scelto questo titolo per farti capire che sposarsi in un maniero antico è certamente un'esperienza unica, soprattutto per quanto riguarda una festa così importante per la vita di una persona: una festa che sancisce l'unione con la persona amata per l'eternità. Una dimora d'epoca è senz'altro *esteticamente* ed *emotivamente superiore* ad una struttura moderna, per quanto essa possa essere meritevole. La struttura antica ha però molte *problematiche tecniche* rispetto ad una struttura nuova creata *ad hoc* per tale scopo. Problematiche che è meglio tu sappia quali siano, prima di fare la scelta del luogo in cui festeggerai il tuo meraviglioso giorno di nozze.

Per organizzare tutto il tuo matrimonio devi affrontare un *percorso tortuoso*, dalla decisione (unanime) di sposarsi, fino al giorno del fatidico "sì", fatto di moltissime *insidie e altrettanti ostacoli...* il tutto accentuato dal fatto che è un campo in cui appunto non hai esperienza, perciò devi prendere decisioni in base a cosa ti hanno detto: la suocera, la zia, la mamma, la nonna, l'amica del cuore; inoltre c'è quello che leggi su Internet, sui portali, sui siti; in più, aggiungi le recensioni, i blog ecc.

Insomma, un'enormità di informazioni, che una volta raccolte sarebbe necessario chiedere in prestito il mega computer dell'IBM per calcolare l'algoritmo del tuo *matrimonio perfetto*!

E chi sono io per consigliarti tutto questo?

Sono **Danilo Ronco**, e data la mia ultra ventennale esperienza nel mondo delle location per eventi – dai ristoranti ai catering – sono arrivato ad essere un vero location manager.

La mia specialità comunque è sempre stata quella di organizzare feste di nozze: ho alle spalle oltre 2500 matrimoni organizzati tutti in **dimore antiche**. Inoltre collaboro quotidianamente con partner in tutti i settori riguardanti il matrimonio.

Credo di poterti dare qualche prezioso suggerimento!

In molte parti del libro sono stato sarcastico e forse ho anche esagerato un po' con le sfortune degli sposi che mi sono capitati oppure dei quali ho sentito parlare nei molti anni di carriera a contatto con giovani coppie... ma è un modo per farti riflettere sul fatto che certe disavventure potrebbero accadere **anche a te**! Rovinando così il tuo preziosissimo giorno!

Per questo motivo voglio spiegarti anche il **metodo delle 4 gambe**:

- Funzionalità;
- Atmosfera;
- Logistica;
- Sicurezza.

Tutte fondamentali perché il tavolo in legno massello stia in piedi: se manca una di queste, il tavolo cade rovinosamente come potrebbe fare il tuo matrimonio se non tieni conto di questo **metodo.**

Infine ti rivelerò anche qual è l'**ingrediente magico** per fare in modo che il tuo matrimonio rimanga impresso nella mente di tutti i tuoi ospiti.

Ho voluto scrivere questo libro nel modo più semplice possibile anche perché con parole complicate non ci sarei mai riuscito, ma soprattutto per farti capire, che l'organizzazione del tuo matrimonio, se presa in modo sereno, è un'esperienza unica nella tua vita.

Per molti ragazzi questa è la prima volta in cui prendono decisioni importanti, come scegliere la location dove invitare tutti i loro 180 ospiti e dimostrare che sono indipendenti per affrontare la vita: più queste decisioni saranno prese in serenità e consapevolezza e più saranno decisioni corrette e sicure!

Questo libro in pratica ti servirà a mettere ulteriori dati nel tuo mega computer IBM...

Ma il mio consiglio, veramente spassionato, che ho sempre dato a tutti i "miei" ragazzi a cui ho avuto l'onore di organizzare il loro giorno più importante, è sempre stato:

> *Organizzate un matrimonio che rispecchi*
> *la vostra filosofia di pensiero, il vostro modo di vedere*
> *il mondo, che non è uguale a quello di tutti gli altri...*

... e se a zia Maria non piace... pazienza!

Comunque se sei arrivata a leggere fino a questo punto... o non avevi nulla da fare... o sei interessata all'argomento!

Oppure tanto vale che ti butti a capofitto a leggere le storie riportate nei vari capitoli per non commettere gli errori che molte coppie di sposi hanno fatto prima di te, per poter così vivere *serenamente* la preparazione, e soprattutto avere la *sicurezza* che quel giorno sia tutto perfetto.

Il tuo matrimonio deve essere una favola, non un flop!

Di seguito riporterò qualche recensione fatta alla mia fantastica organizzazione, a cui devo praticamente tutto. Sono recensioni di clienti e ospiti che mi hanno dato motivo di credere nel mio impegno e nel mio lavoro costante, che mi hanno dato la certezza di essere sulla strada giusta e una forte spinta a scrivere questo libro.

Per cui non sono colpevole per eventuali errori di ortografia o punteggiatura delle recensioni...

Ho già da pensare a quelli che farò io scrivendo questo libro! Anzi, spero di non essere stato blasfemo per aver scritto queste pagine nello stesso luogo in cui il nostro illustre patriota italiano, Silvio Pellico, scrisse nel 1830, il best seller: *Le mie prigioni*.

Che a pensarci, sarebbe comunque stato un titolo poco appropriato per un libro sul matrimonio...

DANILO

CAPITOLO I
Quando prenotare la location

Ancor prima di capire quando prenotare è forse meglio puntualizzare i casi in cui conviene **non** farlo.

Sono infatti tantissime le situazioni in cui ti direi:

LASCIA PERDERE! NON PRENOTARE!

Iniziamo dalla più ovvia: il tuo lui non ti ha ancora fatto la proposta di matrimonio!

Non ha importanza se la sposa ha lasciato indizi ovunque, dai biberon ergonomici ai bavaglioli personalizzati della squadra del cuore.

Non fa niente se si è abbonata a tutte le riviste specializzate in luna di miele o se ha scaricato da un portale americano la foto virtuale in cui indossa già l'abito da cerimonia: senza proposta non c'è matrimonio.

Insomma, è necessario possedere la richiesta "certificata".

Il secondo caso è quello in cui lei è incinta.

Non tanto per la maternità in sé, ma per questioni di tempistica.

Mi spiego meglio: se la creatura è stata concepita nei mesi freddi, supponiamo a gennaio, sarebbe una grande idiozia prenotare a settembre, non trovate?

O volete forse rischiare di farlo nascere da vero principe in un castello assistiti da suocera e zia Maria?

Inoltre c'è un ulteriore inconveniente: le dimensioni dell'abito. Mi capitò infatti una sposa che fu costretta ad utilizzare il suo lunghissimo velo per aggiustare le dimensioni dell'abito nel girovita. E per fortuna c'era il velo!

Al terzo posto abbiamo coloro che decidono di sposarsi civilmente per la seconda, la terza, alcuni anche la quarta volta (esagerati) e che sono in attesa dei documenti che certifichino il divorzio.

L'avvocato come sempre garantisce una tempistica che ovviamente non viene mai rispettata.

Presi dall'euforia, i novelli sposi normalmente decidono di prenotare il loro matrimonio da sogno all'americana con largo anticipo, scordandosi probabilmente dell'inefficienza della burocrazia italiana.

Ed è così che spesso le nozze saltano, con tragedie parentali annesse e perdita di tutte le caparre.

Ho conosciuto una coppia di sposi che a causa di questo percorso giudiziario sono riusciti a sposarsi ben un anno e mezzo dopo rispetto alla data iniziale.

Oltre al danno la beffa, lei infatti indossava un leggerissimo abito scollato non adatto al mese di dicembre.

Oltre alla data hanno poi anche cambiato il loro legale di fiducia.

Non parliamo di quelle coppie che scelgono prima il ristorante della chiesa in cui celebreranno il matrimonio, facendo affidamento sulle conoscenze parrocchiali dello sposo che da bambino faceva il chierichetto.

Be', purtroppo non funziona proprio così. Immancabilmente la chiesa è già occupata. Oppure il prete deve partecipare al congresso dei parroci di quartiere in Vaticano, insomma c'è sempre qualche imprevisto ad intralciare i vostri piani e ovviamente nei weekend limitrofi è la location ad essere occupata.

Voglio inoltre ricordarvi che scegliere l'alta stagione per sposarsi non è proprio l'idea più anticonformista che vi possa venire in mente, oltre al fatto che è formata da al massimo 12 miseri weekend a cui ambiranno tantissime coppiette, soprattutto se abitate in luoghi affollati.

Ancor più ardua è la missione per chi vuole una data precisa: magari il giorno in cui vi siete conosciuti al concerto di Gigi D'Alessio, il primo bacio, la prima volta che avete mangiato con zia Peppina, la combinazione astrale che si ripete ogni cento anni.

Se è questo il vostro desiderio, dovete organizzarvi in tempo, o dovrete accontentarvi di un fast food tipo Burger King.

Ultimo caso ma non meno importante è quello in cui il tuo budget non arriva a coprire tutti i costi che hai intenzione di affrontare per l'organizzazione della tua festa, a meno che tu non voglia riempirti di debiti per i 25 anni successivi.

Ho visto coppie a cui è successo e non voglio assolutamente che accada anche a te.

Nel caso in cui invece tu abbia degli sponsor come i genitori... non badare a spese!

Un altro fattore molto importante riguarda la stagione durante la quale decidi di convolare a nozze.

La temperatura ha infatti un ruolo fondamentale in qualsiasi periodo.

In tutti questi anni di attività ho assistito a molti cambiamenti. Si è passati dai pranzi primaverili a fine anni Novanta fino alle cene estive nel nuovo millennio, spesso di sabato sera, vuoi per la mancanza di sacerdoti di domenica, vuoi per l'atmosfera più festaiola.

Molto sovente mi è capitato di assistere a matrimoni migliori, perlomeno per quanto riguarda il clima, a marzo e ottobre rispetto a quanto accade d'estate, quindi anche in primavera e autunno avrete buone opportunità di trovare una bella temperatura.

Ho organizzato moltissimi matrimoni anche nei mesi di dicembre e gennaio, periodo in cui qui al Nord il cielo è di un color blu intenso, terso e limpido, e il paesaggio coronato dall'arco alpino innevato.

Al Sud invece le giornate invernali permettono di prendere l'aperitivo all'esterno grazie al clima mite, quasi primaverile.

Dovrai inoltre decidere il giorno del tuo matrimonio.

Ci sono sempre più sposi che decidono di sposarsi durante la settimana o in giorni di festività infrasettimanali.

Questa scelta ha molti vantaggi.

Innanzitutto non hai la necessità di prenotare con anticipo, avendo le location molte meno richieste rispetto al weekend. Normalmente i gestori delle location sono anche più propensi a fare sconti e omaggi relativi al menu o a zone particolari.

Da non sottovalutare, e te lo dice uno che lo vive quotidianamente, è la serenità del personale, che non lavorando sotto pressione come nei weekend è sicuramente più riposato e sorridente.

Affidarsi ai consigli dei parenti potrebbe avere qualche

controindicazione a meno che non vogliate essere sommersi da discussioni sulle mezze stagioni e sull'affidabilità del calendario di Frate Indovino, che può essere utile se dovete scegliere quando piantare i pomodori, ma sul giorno delle nozze ho qualche ragionevole dubbio.

Molte location ed il mondo del wedding in generale fanno sconti nei mesi di bassa e media stagione, i più disperati anche in alta e altissima!

In quella bassa arrivano quasi ad essere loro a pagare la coppia di sposi pur di far vedere che il locale è pieno di vita.

Sappi che la sicurezza, qualsiasi sia il servizio, ha un prezzo e non costa meno in bassa stagione, per cui non lesinare su questo aspetto.

Quando la differenza è troppo grande tra prezzo pieno e prezzo scontato significa che il servizio catering, quello del fotografo o del fiorista che sia, in realtà, abbassa la qualità della prestazione che ti viene garantita... questo accade perché il titolare deve far tornare i conti alla sua azienda.

Partiamo con l'inverno

La differenza tra Nord e Sud e tra le località di mare o montagna si fa sentire, anche se, come già accennato in precedenza, anche in Piemonte nel mese di gennaio ti può capitare la giornata estiva in stile Palma di Maiorca (mandando in tilt tutti gli ospiti vestiti in lana Merino), e al contrario a Napoli potresti trovarti ad usare le tovaglie come scialle a causa della perturbazione polare in arrivo dalla Norvegia.

I motivi per cui gli sposi decidono di organizzare la cerimonia d'inverno possono essere svariati, dalle ferie obbligate alla possibilità di godersi il viaggio di nozze nell'emisfero meridionale senza uragani né stagione delle piogge.

Mi raccomando, non fare come una coppia di sposi che pensando di andare a Tortola nei Caraibi si è trovata a Toronto, in Canada, in bermuda e infradito!

D'inverno comunque ci sono molti spunti per la festa del matrimonio, grazie alle festività.

Nel mese di dicembre tutto può essere in stile natalizio, potrete vestire magari lo zio Pino da Babbo Natale e farlo arrivare con la slitta trainata dalle renne in pompa magna, accompagnato dalle campane del paese.

Zia Maria, moglie di Babbo Natale, magari non capirà perché gli è stata consegnata una scopa di saggina...

E se non avesse ancora nevicato a gennaio, perché forse vi trovate al Sud, o semplicemente perché fa molto caldo, potete eventualmente chiedere alla Pro Loco di darvi una mano con i cannoni sparaneve.

La primavera

È la stagione dell'amore per antonomasia, periodo in cui la natura rinasce, i fiori sbocciano e le fronde degli alberi si arricchiscono di foglie: il paradiso... se non fosse che lui è allergico al polline!

Quando riguarderai le foto e noterai il solito fazzolettino all'eucalipto fra le mani del tuo sposo, rimpiangerai di non esserti sposata d'inverno.

Il verde che invade felicemente parchi e giardini non nasce però da solo ma grazie alle piogge primaverili tipiche del periodo. Spesso durano svariati giorni e anche se smettesse di piovere il giorno prima, nel peggiore dei casi, potresti aver bisogno di un mezzo anfibio della Protezione Civile per raggiungere la location.

Scampando a questi piccoli imprevisti, la primavera si rivela però una delle stagioni migliori per sposarsi.

La calda estate

È indubbiamente il periodo più richiesto, per questo motivo la prenotazione deve avvenire il prima possibile.

Ti spiegherò nel prossimo capitolo quali sono le accortezze che devi seguire per fare una buona scelta.

In estate, sembra scontato dirlo ma non lo è, fa caldo. Molto caldo.
Se fate visita ad una villa antica nel mese di febbraio, con l'intenzione di sposarvi a metà luglio, non date retta alla location manager che

tenta di convincervi dell'inutilità dell'aria condizionata in un luogo con mura antiche e spesse.

Le condizioni estive infatti accentuano l'effetto-stalla che abbinato a temperature alte diventa a dir poco devastante quando vi ritroverete stipati fra 160 persone in piccole sale.

L'unico modo per sopravvivere potrebbe essere una guerra di bombe d'acqua tra i parenti delle due famiglie.

Per non parlare di un banchetto in piena estate all'aperto sotto ad un gazebo senza un impianto di condizionamento. Bisognerebbe come minimo arrestare la location manager con l'accusa di tentato omicidio plurimo colposo, per aver permesso tutto ciò!

Se vi dovesse capitare qualcosa di simile, munite almeno gli invitati della guida *Come sopravvivere nel deserto del Ciad*, perché in passato non tutti sono arrivati alla frutta.

Un banchetto serale sicuramente è più accettabile ma normalmente durante le ore più tarde l'umidità avvolge l'atmosfera, trasformando gli agnolotti al ragù bianco di langa in cappelletti in brodo.

Potreste anche essere in buona compagnia di insetti e zanzare, talmente grandi da possedere il brevetto di volo per ultraleggeri.

Ricordo di un bambino che affermò di essersi molto divertito perché aveva l'impressione di essere sul set di *Jurassic Park*.

Per fortuna zia Maria e la sua esperienza decennale hanno salvato gli ospiti dal ricovero nel reparto antimalarica.

Memore infatti di un passato matrimonio in cui venne divorata da qualsiasi tipo di zanzara, si è prontamente munita di crema professionale, la stessa che usano i raccoglitori di banane nell'Africa subtropicale.

I parenti erano un poco unti e appiccicosi, ma per la sopravvivenza questo ed altro.

L'autunno

Il periodo più romantico.

Se la cerimonia si svolge in una location antica con parco e grandi alberi, essa può farvi rivivere il film *Autumn in New York*... e chiudendo gli occhi la sposa potrà immaginarsi di correre mano nella mano con Richard Gere.

Le foto con le foglie variopinte, dal rosso ambrato al giallo paglierino – che lo sposo ha sempre creduto fosse una prerogativa del colore del vino –, si infilano praticamente dappertutto, nei capelli, nelle tasche della giacca di lui e nel tuo bouquet.

Sappi già che dovrai utilizzare il Folletto per raccoglierle tutte! Le troverai anche nell'abito... ancor prima che vi siate abbandonati alla prima notte di nozze.

L'aspetto negativo che potrebbe rovinare i tuoi piani, in particolare se abitate al centro della Pianura Padana, è la nebbia. Sposarsi con l'asfalto grigio scuro, il cielo grigio chiaro, arrivare con il Maggiolino dello zio Peppe grigio perlato, sembra il remake di *Cinquanta sfumature di grigio* privo delle scene hot, più che un matrimonio.

D'altro canto l'autunno in molte regioni, come il mio Piemonte, offre il meglio di sé in ambito culinario.

Il tartufo e i funghi porcini sono infatti un must have della stagione e anche il pesce crudo, nelle regioni di mare, rende meglio rispetto all'estate.

Fortunatamente le nebbie sono sempre più rare e se hai scelto una location con un bel parco e grandi alberi a chioma, credo sia il miglior periodo per ammirare un connubio di colori estasiante.

Ricapitolando in modo più serio:

L'inverno, sarà che è il periodo in cui sono nato, è un momento interessante.

Avrai a tua disposizione per la luna di miele tutte le località all'altezza dei Tropici, dai Caraibi alla Polinesia.

Potrai godere di particolari sconti su location e servizi annessi, a patto che non siano escamotage per abbassare la qualità.

La primavera è molto adatta soprattutto se desideri sposarti all'aperto, attorniata dalla natura e circondata dalle aiuole in fiore. Anche le temperature offrono un buon compromesso e inoltre rimane meno richiesta che in estate: potrai così fare tutto con più calma rispetto al successivo periodo, intasato da un boom di richieste.

L'estate difficilmente ti metterà di fronte alla pioggia: e questo è un ottimo invito per chi vuole un servizio all'aperto, come l'aperitivo di benvenuto, il rito civile, la carrozza con i cavalli e i fuochi d'artificio.

Bisogna però muoversi in tempo e accertarsi della presenza dell'aria condizionata.

L'autunno si presta bene nelle location con un parco secolare con alberi a foglia caduca, sia per gli scatti delle foto, che saranno indubbiamente originali e indimenticabili, sia per l'atmosfera romantica e nostalgica che ne scaturirà.

La cucina e i prodotti del territorio del periodo sono particolarmente gustosi e ricchi.

Chiaramente se le location che state considerando sono prive di ambienti all'aperto, molte di queste condizioni diventano irrilevanti, in quanto la festa si svolgerà fra le quattro mura e il cambio di stagione si avvertirà meno.

Insomma, qualunque sia il periodo o la stagione che tu prediliga, non ci sono calendari di Frate Indovino o previsioni di stima che tengano: quel giorno fai molto affidamento su tutti i tuoi santini ed angeli custodi, e come detto in precedenza... considera il tuo personale Fattore C...

Oltre al periodo è molto importante che la struttura d'epoca che sceglierai abbia tutte le caratteristiche che desideri e gli spazi adatti.

Devi prenotare sicura che tutto andrà per il meglio. Il momento in cui farlo è molto importante per non partire subito con il piede sbagliato.

Naturalmente, come scritto in precedenza, solo dopo aver ricevuto la proposta ufficiale con tanto di anello di fidanzamento!

All'inizio del capitolo ho scherzato un po', ma se sei in dolce attesa – evento che rimane comunque il più bel dono che una coppia possa "ricevere" –, ti consiglio di sposarti nei primi 4/5 mesi di gravidanza, sempre che tu non patisca qualche complicazione quale nausea e indesiderati sintomi vari.

Altrimenti rimanda di almeno un anno dopo il parto. Affronterai l'organizzazione della tua giornata senza ansia e preoccupazione, e senza stressare il bambino!

Avrai anche tutto il tempo di tornare in splendida forma, e se aspetterai qualche mese in più, potrebbe proprio essere il neoarrivato a portare gli anelli all'altare.

Se sei al secondo matrimonio e sei in attesa dei documenti del divorzio, non fidarti di quello che ti dice il tuo legale, attendi di averli fisicamente in mano prima di cominciare a prenotare qualsiasi servizio per il tuo wedding.

Te l'ho già raccontato ma mi ripeto: mi è capitato sovente di dover annullare un evento perché gli sposi, innamorati e quindi di fretta, hanno creduto alle parole dell'avvocato.

In Italia, soprattutto, diffidate delle scadenze burocratiche che vi vengono comunicate.

Infine, con quale rito hai deciso di sposarti?

Se propendi per quello religioso, perché più tradizionale, devi considerare che la chiesa non sarà attaccata alla location.

Calcola quindi bene i tempi necessari per raggiungere il luogo del rinfresco.

Questo problema solitamente non esiste se il rito civile avrà luogo nella location stessa.

Inoltre la cerimonia civile è molto più personalizzabile di quella religiosa, che deve naturalmente far fede alle ferree regole ecclesiastiche.

In particolare, se quest'ultima ha valore legale normalmente esistono degli accordi tra gestori della location e Comune per la celebrazione con le firme autentiche di fronte agli invitati, questo perché esiste un guadagno per entrambi.

I riti protestanti sono anch'essi semplici da organizzare, poiché è sufficiente un parco o un giardino ed un pastore che celebri la funzione.

Mentre è più complicato per le funzioni cattoliche, le quali necessitano di accordi tra parroci oltreché del benestare del vescovo se ti sposi fuori dalla tua Curia.

È molto importante anche il giorno in cui decidi di convolare a nozze.

Ormai azzeccare quello perfetto è possibile durante tutto l'arco dell'anno, come già detto. Di certo, i mesi estivi danno più garanzie per quanto riguarda l'assenza di piogge, anche se i temporali di oggi sono sempre più intensi.

Ricordati che se decidi per un periodo di alta stagione la prenotazione del tuo matrimonio deve avvenire molto prima: almeno con un anno d'anticipo per le location leader durante un weekend. Ultimamente va per la maggiore il sabato, a causa delle messe domenicali che tengono occupati i preti.

Bastano di solito sei mesi per le giornate infrasettimanali, anche se negli ultimi anni è diventata una possibilità meno anticonformista rispetto al passato, questo perché permette di avere maggiore privacy e costi ragionevoli anche in alta stagione.

Chi propende per una data particolare per motivi personali deve preoccuparsene molto in anticipo. Infatti, quando la scelta è più ampia, in qualche modo il location manager riesce a trovare una disponibilità... mentre questo risulta praticamente impossibile con un solo giorno a calendario.

Una volta che avrai scelto la location, potete chiedere di fermare la data fino alla risposta del parroco, poiché normalmente viene concessa una settimana di tempo dal responsabile.
Nel caso in cui il parroco sia disponibile, basterà una breve telefonata per confermare e un bonifico per l'acconto.

Per tutto il resto c'è tempo.

Un ultimo prezioso consiglio è quello di non prenotare se manca il budget necessario per fare ciò che hai in mente: ridimensiona i tuoi desideri e adattali alle tue disponibilità. Fare il passo più lungo della gamba potrebbe regalarti un giorno da sogno ma moltissimi giorni d'inferno a seguire.

Questo te lo dico perché io per primo, essendo un imprenditore, sono abituato a dover far quadrare entrate e uscite, e quindi a monitorare continuamente l'andamento di costi e guadagni onde evitare di incappare in brutte sorprese.

Tu devi fare lo stesso, nel tuo piccolo, calcolando quello che andrai a spendere non solo di location ma anche di tutte quelle *cose* che inizialmente ti possono sembrare insignificanti: segnaposto, *tableau de mariage*, musicisti, parrucchieri e fuochi d'artificio.

Anche le cose più piccole hanno un prezzo, come i fiocchi e le bolle di sapone.

Datti un tetto massimo di spesa e non superarlo.

Fai quadrare tutto il resto al di sotto di quel budget a costo di cambiare idea sull'abito o sulla location, o ancora di abbandonare qualche chicca non indispensabile.

Credimi, non vale la pena indebitarsi per un solo giorno, pur essendo quello più importante.

Nella tua vita futura, tutti i giorni che passerai insieme al tuo compagno/a saranno importanti tanto quanto quello del matrimonio perché ogni giorno è come l'anello di una catena che si allunga sempre di più...

... la catena che vi legherà insieme per tutta la vita!

CAPITOLO II

Dove e come scegliere la dimora storica

In quale zona è meglio che si trovi la location da sogno del tuo matrimonio?

Grazie alla diffusione degli smartphone, trovare le località più sperdute è diventato un gioco da ragazzi, i navigatori incorporati infatti aiuteranno molto te e i tuoi ospiti a localizzare la struttura dove si terrà il banchetto.

Grazie a questi strumenti non sarete obbligati a scegliere il solito ristorante vista statale.

Inizia con il sondare diverse architetture antiche nel raggio di una cinquantina di chilometri, spingendoti anche una ventina più in là se cerchi residenze storiche particolari.

Ho conosciuto sposi che arrivavano da fuori regione, distanti ben oltre cento chilometri dalla loro abitazione, e almeno un paio di coppie addirittura arrivate in aereo pur di festeggiare in quella che per le loro esigenze era la location perfetta.

Se stai leggendo questo libro sicuramente sei affascinata per vari motivi dalle residenze d'epoca, come casolari, ville, tenute e castelli. L'atmosfera romantica e l'intramontabile fascino evocati da queste strutture le rendono uniche e magiche soprattutto a confronto con location odierne, sicuramente più moderne ma spesso prive di quei tratti favolistici che fanno la differenza.

Devi innanzitutto considerare la tipologia di dimora antica che desideri.

Se propendi per un casolare o per una masseria pugliese, molto probabilmente li troverai ubicati in campagna o in collina. Sovente non è complicato raggiungere questi luoghi, grazie anche ai sempre più aggiornati navigatori, come già detto, ma a volte può capitare che non vi siano insegne o che esse siano davvero fuori mano.

Le ville antiche possono essere dislocate un po' ovunque sul territorio, da quelle in aperta campagna a quelle in città, da quelle in riva al lago o a picco sul mare.

La scelta dipende dai tuoi gusti, da come immagini che si svolga il banchetto, dal panorama che desideri e così via.

La struttura antica più suggestiva per festeggiare il tuo matrimonio è indubbiamente **il castello**.

Anch'esso, così come per alcuni casolari, molto spesso si trova in luoghi poco accessibili, è molto importante quindi andare in avanscoperta per valutare di persona le difficoltà che incontreranno gli ospiti nel raggiungerlo.

Se è posizionato in pianura, generalmente non è problematico raggiungerlo, poiché di solito rappresenta il centro di piccoli paesi. I nobili possidenti terrieri infatti permettevano di costruire case e altri edifici attorno ad esso, proprio nell'intento di ottenere maggiore protezione, creando nel tempo piccole cittadine e in alcuni casi vere e proprie città.

Più spesso però i castelli sono antiche fortezze costruite su cocuzzoli impervi, molto efficaci nel difendersi dal nemico, meno comodi se si tratta di traslare 150 ospiti alla tua festa.

Ti consiglio per questi motivi di fornire una mappa stradale e qualche ulteriore indicazione agli invitati, onde evitare che qualcuno si possa perdere. Sarebbe un peccato dover abbandonare la festa per recuperare zia Maria tra i vigneti.

In ogni caso tutto inizia da qui!
La ricerca della **location perfetta**!

Lui finalmente ha "intuito" che è arrivato il momento di fare sul serio perché lei sta lasciando qualche indizio...

«Caro, hai visto la tendenza del prossimo anno nel matrimonio? È il lilla...»

«Tesoro, hai visto che belle wedding cake fa *Il boss delle torte*? Io avrei già un'idea...»

«Zuccherino, hai visto che va di moda la wedding dog sitter? Così potrebbe partecipare anche Artù alla festa di matrimonio...»

«Amore, hai sentito di Roberta e Marco che si sono sposati la settimana scorsa in quel bel castello? Uscivano insieme da meno tempo di noi...»

Quando le domande e le risposte sono entrambe di lei, be', il cerchio si sta chiudendo...

Ed ecco che finalmente scatta la fatidica domanda:

«Vuoi sposarmi?».
Mumble mumble... «Ci penso un attimo...».
2.5 secondi dopo: «Sì!».

A questo punto, la sposa di solito inizia con il saccheggiare tutte le edicole dei dintorni per accaparrarsi ogni tipo di rivista, con l'intento di trovare le ultime tendenze in fatto di decorazioni, inviti e bomboniere.

Poco importa se quest'anno vanno di moda le capigliature Maori e i bouquet dei popoli indigeni della Siberia.

Lui, Piero, il futuro sposo, solitamente entra in confusione dopo le prime tre proposte di tovaglie diverse, immaginandosi ormai vittima di un matrimonio civile simil buddista in un castello su un atollo polinesiano, chiaramente vestito di lilla...

Lisa, la sposa, dopo una spiegazione con tanto di lavagna luminosa interattiva di ultima generazione, al pari dei migliori formatori di marketing, passa all'interrogazione – sia orale che scritta – per avere la certezza che Piero abbia capito tutto quello che lei aveva in mente di fare per il suo... anzi, il *loro* matrimonio...

Si passa ora dalla ricerca off-line a quella on-line...
Lui a questo punto, dopo una *full immersion* di quindici giorni sul matrimonio, è fermamente convinto di essere esperto almeno quanto Enzo Miccio.

Che illusione!
Ha a malapena scoperto il macromercato del matrimonio!

Ora si tratta di sondare le location nei dintorni attraverso il Web: c'è chi lo fa da chi dietro una scrivania e chi, perché no?, con lo smartphone in metropolitana.

Tra i siti più comuni troviamo www.matrimonio.com, www.guidasposi.it, www.residenzedepoca.it, ma ne esiste davvero un'infinità.

Molte coppiette, una volta scelta la loro **dimora storica**, si limitano a filtrare le loro necessità, come i fiori, il fotografo, il paesaggio, per poi concentrarsi solo sulla disponibilità e sul costo delle offerte proposte dai gestori.

Sono tantissimi coloro i quali decidono di inviare infinite mail facendo dei copia-incolla in cui si interessano esclusivamente al costo. Essendo io un gestore di una di queste location posso anticiparvi che questa prassi è una di quelle che fa davvero irritare un titolare.

Attraverso questa sola richiesta, tutta l'importanza viene data solo alla spesa e non al reale valore che riesce a offrire l'azienda.

Se il mio servizio ha un costo, magari del 30% in più rispetto alla concorrenza, forse un motivo esiste: *la qualità infatti ha un prezzo e questo è un aspetto da non sottovalutare.*

Il Barolo docg di annata non costa come un Tavernello nel cartone... e il motivo, credimi, c'è di sicuro!

Una volta visitati i portali e i relativi siti, si passa alle pagine social come Facebook, Instagram, Pinterest, YouTube...

A questo punto la confusione non può che regnare sovrana a causa del malloppo di foto, esperienze di altre coppie, recensioni, post e commenti vari da cui viene bombardata la futura coppia di sposi.

Conosco gente che ha preso ferie per leggere ogni singola recensione su TripAdvisor!

Insomma, entrambi gli sposi, dopo questo periodo di totale immersione nel wedding planet, sarebbero in grado di tenere corsi di formazione avanzati per webmaster!

I problemi sorgono però in un secondo momento.

Come ho già accennato, le varie strutture ricevono moltissime mail con questi messaggi preimpostati in cui viene richiesto un preventivo e la disponibilità per un determinato periodo. Questo accade perché nel tentativo di assimilare più informazioni possibile, i poco esperti sposi inoltrano centinaia di richieste tutte uguali, sia dai social sia dai portali dedicati, rischiando però di perdere il conto e i riferimenti.

Se alle mail aggiungiamo le domande poste sui vari siti, sotto le fotografie disseminate nel Web, capite bene che la situazione inizia a farsi complicata.

Ebbene, vuoi sapere il risultato di tutto questo caos?

Oltre ad intasare anche i server del CERN di Ginevra attraverso le caselle mail appositamente create per l'evento, sarà impossibile ricordare da chi arriva la risposta e da quale sito si era partiti per averla.

Il compito di capire a quale dimora fa riferimento sarà un'ardua impresa. Addirittura qualcuno nella foga ha contattato indirizzi di luoghi che si occupano di ben altre attività.

La prima mail proviene da una wedding planner dell'Isola di Stromboli, la quale sosteneva di poter organizzare il matrimonio con il rito civile/pagano sulla spiaggia di sabbia nera e con la lava incandescente e colante come sfondo.

La seconda era da parte di una massaia di mezza età di Bologna che diceva che nel suo cucinino aveva solo sei posti, ma che avrebbe fatto i tortellini ben volentieri per il loro matrimonio!

Insomma, dopo aver ricomposto i moltissimi pezzi delle varie mail arrivate non si sa da dove, che un puzzle della Ravensburger sull'universo stellato montato al buio a confronto è uno scherzo, si inizia con le telefonate e con gli appuntamenti.

In molti acquistano un'agenda apposita, così imbottita di appunti da far impallidire Donald Trump.

Quando provi a contattare una location può capitare che parta la segreteria telefonica, tanto da avere l'impressione di parlare con un call center ubicato in Albania; in altri casi è il conte, proprietario dell'immobile, a rispondere, facilmente riconoscibile dalla erre moscia in stile Avvocato Agnelli.

In qualche altra location, generalmente nei ristoranti, si possono udire gli schiamazzi in sottofondo, tanto da farci domandare se per caso non stiamo parlando con il tipo delle giostre di paese. Spesso non mancano anche gli applausi della comunione nella sala a fianco.

Con l'agenda apposita piena di appuntamenti, che a confronto il solito Donald sembra in vacanza, inizia il Tour del Piemonte, la regione in cui Piero e Lisa, i nostri sposi, vivono.

Ma credimi, in questo ambito tutta l'Italia è paese: normalmente molte delle location osservate attraverso le fotografie non rispecchiano affatto le aspettative.

Sarebbe molto lungo l'elenco di fanciulle desiderose di un grande parco verde che si sono poi trovate in un piccolo giardinetto di due metri quadrati.
Questo accade perché è ormai molto semplice creare ad arte delle immagini suggestive nell'intento di attrarre la clientela, grazie a Photoshop e a grandangoli che aumentano a dismisura le dimensioni effettive di stanze e giardini.

La sposa quindi, amante della magia che solo una dimora antica sa dare, inizia con il compagno questo fatidico tour storico, passando in rassegna tutte le location piemontesi datate dal XIII al XVII secolo, a tal punto da essere chiamati in seguito da Vittorio Sgarbi per una relazione sullo stato del patrimonio artistico sabaudo.
Ma ecco che arriva la prima sorpresa!

Molte dimore storiche, come ville e castelli, hanno effettivamente tanto verde intorno ma all'interno le sale possono essere di piccole dimensioni o disposte su piani diversi, e magari con un limite molto basso di coperti.
Può capitare ad esempio che gli sposi ignorassero la divisione in due sale degli invitati.
Come li dividiamo gli ospiti nelle varie stanze?
Chi dice a zia Maria che deve sedersi lontano dall'adorato nipotino?

Esistono varie soluzioni, come la suddivisione tra parenti e amici, questi ultimi strategicamente posizionati accanto al dj. Anche questa alternativa però presenta dei disagi, come la perdita d'udito dei poveri amici sfigati alloggiati accanto alle casse, che il giorno successivo devono rivolgersi all'Amplifon per riprendere a sentire come prima dell'invito al matrimonio.

Agli sposi naturalmente inconsapevoli viene spiegato, di solito dal location manager, "nobile" e proprietario della tenuta, che nelle dimore antiche le sale sono purtroppo piccole perché in passato era difficile scaldare grandi ambienti con il solo uso del caminetto a legna.

Anche se, secondo il mio modesto parere, a Piero e Lisa e tantomeno a zia Maria interessano poco le caratteristiche storiche della dimora.

Così, dopo aver macinato talmente tanti chilometri in cerca della location "perfetta" da poter andare e tornare dalla luna ben tre volte, fatto pieni di benzina alla macchina che la portaerei *Intrepid* avrebbe un'autonomia di carburante per almeno sei mesi, cambiato l'auto in seguito ai segni dell'usura, i due sposi finalmente ce la fanno!

A forza di girare e rigirare hanno trovato la location dei sogni.

Un bellissimo **castello** con grandi spazi, un enorme parco verde con rigogliose aiuole fiorite e immense sale interne nel caso piovesse, cucina del territorio strepitosa, titolari professionali e cordiali ma...

... NON C'ERA PIÙ POSTO!

Ora cerco di essere più serio...

La ricerca della location giusta, forse, riguarda la più importante tra tutte le decisioni riguardanti l'organizzazione del matrimonio.

Secondo una ricerca nazionale fatta su un campione di mille persone, tra sposi e ospiti, si dimostra che il banchetto e la location assorbono ben il 70% delle aspettative per la buona riuscita di un matrimonio.

Oltre che rappresentare una delle voci più pesanti nel bilancio e nel budget, dovete considerare che in questo posto dovrete passare molte ore, con molti ospiti.

Dovrete sentirvi completamente a vostro agio, sereni, e sapere che tutto andrà per il meglio.

Il mio consiglio?
In fatto di location credo proprio di poter dire la mia.

Parlatene assieme per riuscire a capire quali sono le caratteristiche fondamentali che entrambi desiderate.

Se nelle vostre corde è meglio un agriturismo perché avete idee molto *green* oppure una baita in montagna perché entrambi siete alpinisti, o un castello, per sentirvi principe e principessa almeno un giorno nella vita, vi consiglio di scartare tutto il resto.

Concentratevi su una o due categorie di struttura, non partecipate a tutte le fiere specializzate del wedding del Nord Italia, perché ne basta davvero una soltanto.

In questo modo risparmierete tempo e soldi, senza ammassare troppe idee e generare troppa confusione.

Mettevi comodi di sera, armati di penna e block notes, utilizzate Google per ricercare il nome della location se già lo conoscete o la tipologia di immobile che state cercando.

Google premia molto la reputazione del dominio, composta da molti fattori come ad esempio il numero di visitatori.

Più in alto si trova il sito, più avete possibilità di confrontarvi con un'azienda seria e professionale.

Una volta trovato il sito o il portale che vi interessa mettete in ordine di priorità le cose che ritenete necessarie ed indispensabili per la vostra location perfetta, come ad esempio:

- Molto spazio verde (presenza di un parco o di un bel giardino);
- Castello antico e ben tenuto;
- Spazio interno comodo e un'unica sala per tutti;
- Cucina interna alla struttura;
- Possibilità di rito civile all'aperto con valore legale;
- Possibilità di avere un piano B decente in caso di pioggia o maltempo;
- Possibilità di avere tutti i servizi all'interno della struttura per facilitare l'organizzazione.

Vedrai che facendo questa breve selezione, scegliendo le varie caratteristiche delle location fondamentali per la riuscita del matrimonio, moltissime possibilità verranno automaticamente eliminate, riducendo drasticamente la scelta e la tua lista.

Dare un'occhiata veloce alle recensioni su TripAdvisor va bene, ma non perderci intere giornate.

Queste ultime ovviamente non potranno mai essere tutte eccellenti, non sarebbe credibile, ma quando la stragrande maggioranza delle recensioni è positiva, potete andare tranquilli.

Le recensioni autentiche, scritte da clienti reali, si riconoscono, sono infatti molto intense proprio perché vanno a ricordare un giorno così importante.

Io stesso rivivo grandi emozioni nel rileggere i commenti rivolti alla mia attività di coppie che ho aiutato ad organizzare la giornata ideale.

E ancora oggi, dopo centinaia e centinaia di recensioni ricevute dai miei clienti, rispondo personalmente su TripAdvisor ad ognuno di loro.

Ritengo infatti che se il cliente ha trovato il tempo per lasciare un piccolo commento, altrettanto posso fare io.

Ogni mia risposta è personalizzata, non ho mai fatto un solo copia-incolla: per cui sappi che se l'azienda a cui sei interessata risponde in modo personale, be', questo comportamento è sintomo di **grande serietà e rispetto per il cliente**.

Come contattare le varie location?

Puoi decidere di mandare una mail oppure telefonare. Quest'ultima soluzione di solito è più diretta e ti permette di percepire subito la professionalità dell'azienda e dell'interlocutore che hai dall'altra parte della cornetta.

Le richieste iniziali da avanzare alla struttura riguardano *in primis* la disponibilità della data che hai scelto e la capienza delle sale in base al numero dei tuoi invitati, in modo da eliminare ulteriori strutture non disponibili.

Se invece decidi di mandare una mail con le stesse richieste che avresti inoltrato nella telefonata, fai attenzione alle aziende che rispondono velocemente, perché anche questo è sintomo di professionalità e serietà.

Evita di inviare domande e richieste che sono in modo evidente un mero copia-incolla, perché verrai trattata nella stessa identica maniera: ti giungerà infatti una risposta standard con il preventivo.

Vorrai mica dirmi che baserai tutto il tuo matrimonio solamente sulla spesa?!

Cerca anche di capire qual è il valore della struttura che ti appresti a scegliere, valore che differisce molto da una location all'altra, così accade per il fotografo o per il fiorista.

È importante fissare un appuntamento in un orario prestabilito, in questo modo i titolari dell'azienda potranno dedicarsi a te con più attenzione, e saranno più concentrati sulle tue necessità.

Avrete tutto il tempo per fare le domande che vi siete preparati e vi toglierete ogni dubbio.

Anche in questo caso, vi consiglio di munirvi di agenda, per appuntare ogni cosa e non mescolare le informazioni di strutture diverse.

Nel momento dell'appuntamento infatti avrai mille cose che ti passano per la mente, compresa l'emozione di vederti tra un anno magari in quella location da sogno con il tuo abito bianco. Per questo motivo è necessario scrivere tutte le domande e le idee che ti balenano nella testa, perché quando sarà il momento di farle o di toglierti le curiosità, tra le varie location che hai già visitato e le mille parole dei location manager ti potresti dimenticare gran parte delle informazioni che hai ricevuto.

La tecnica migliore è quella di creare una pagina apposita per ogni possibilità rimasta, annotando i costi, i servizi offerti e ulteriori note.

Così facendo potrete parlarne a casa con l'intera famiglia.

Questo è un metodo che funziona benissimo e che potete sfruttare anche per gli altri professionisti che avranno modo di lavorare per voi.

Ultimo suggerimento: non sprecare le tue giornate visitando centinaia di dimore e ville.

Scegline alcune, quelle che più ti hanno colpito per le loro caratteristiche, e concentrati su quelle!

Solo così eviterai di aumentare la confusione e potrai capire se effettivamente *quella* dimora storica fa per te.

Il mio consiglio per risparmiare utilissimo tempo, prezioso denaro, ma soprattutto energie nervose, e di non rischiare che il matrimonio finisca prima di iniziare, consiste nel visitare al massimo le 4/5 strutture che vi hanno colpito maggiormente o che hanno tutte le caratteristiche che sono nella tua lista dei desideri: dall'estetica alla logistica; perché solo dal vivo puoi veramente capire se la dimora antica è quella che fa al caso tuo, con gli spazi, gli ambienti, l'atmosfera che sogni per il tuo matrimonio.

Non ultimo il cibo: è importante sentirne il sapore ed il profumo senza basarsi esclusivamente sulle foto.

Nonostante tutto quello che ti proporrà il proprietario per convincerti, la scelta va fatta con tutti i crismi necessari, ma soprattutto va fatta con il tuo cuore...

... il tuo cuore non sbaglia mai...

CAPITOLO III
Differenze tra le strutture antiche

Diamo per scontato che ormai tu abbia scelto la data fatidica o il periodo. Per i meno fiscali mi aspetto che almeno l'anno sia già stabilito.

Fatto? Benissimo...

Avrete sicuramente già un'idea delle location da visitare durante il vostro *tour de force*, simile a quello di Jules Verne (con la piccola differenza che lui ebbe a disposizione ottanta giorni, voi due weekend!).

Che caratteristiche devono avere queste location? O meglio, cosa non dovete assolutamente trovare in una dimora d'epoca durante il vostro giorno più importante?

Non dimentichiamoci del chiodo fisso di Lisa, la nostra sposa, ovvero l'immenso parco verde!

Una volta scartate le strutture in pieno centro con vista palazzi, i parchi immensi ma creati ad arte da esperti fotografi e i finti giardini di Versailles, che sembrano più orti a bordo tangenziale che paesaggi principeschi, dovreste essere ormai vicini alla vostra scelta.

Vi voglio però spiegare quanto è importante ora concentrarsi sui **dettagli**, riportandovi un piccolo aneddoto capitato ad una sposa di mia conoscenza.

Il giorno del matrimonio tutto era stato allestito in modo impeccabile, esattamente come lei desiderava.

All'esterno, nel grande giardino della villa, era presente un grande gazebo sotto il quale i 180 invitati avrebbero potuto rinfrescarsi durante l'aperitivo.

I tavoli, grazie al prezioso aiuto della wedding planner, si presentavano anch'essi addobbati nei minimi particolari, dai centritavola ai menu personalizzati per ogni singolo ospite.

Per finire il tulle lilla, che rispecchiava il tema della giornata, era stato appositamente sistemato qua e là.

Oltre al gazebo era stato allestito un grande spazio nel giardino per l'abbondante rinfresco ricco di salumi, formaggi e frittini vari.

Anche i più piccoli avevano a disposizione la loro area giochi, con teatrino e animazione. Cosa chiedere di più?

Peccato che proprio nel momento dell'arrivo degli ospiti, si è presentato un minaccioso e temutissimo nuvolone color grigio scuro, tipico dei mesi estivi, che non prospettava nulla di buono.

Infatti in pochi minuti sono state scaraventate a terra secchiate d'acqua, fulmini e saette accompagnati da raffiche di vento da 45 nodi, e grandine grossa come uova di struzzo... va be', forse sto esagerando un pochino.

Potete immaginare il fuggi fuggi generale che si scatenò fra gli ospiti, i quali iniziarono a correre come dei forsennati all'interno della dimora, abbandonando tutto quel ben di Dio sotto al gazebo, anch'esso scoperchiato dal vento e dalla grandine.

Il vento fortissimo in particolare, aggiuntosi alla già spiacevole pioggia, non fece altro che aggravare la situazione, non si limitò infatti a rovinare l'impalcatura sulla testa di zia Maria, ma scaraventò menu e *tableau de mariage* direttamente nel cortile della cascina a fianco.

Il contadino credette a 'sto punto di dover pagare lui il conto al catering ma in compenso la sua casa è stata per giorni la più trendy del paese, così infiocchettata di tulle lilla.

Le povere fanciulle, imbellettate da capo a piedi e munite di tacco 12, sono state costrette a correre sul ciottolato bagnato, e le meno abituate a camminare sui trampoli hanno dato spettacolo di equilibrismo da far invidia al circo internazionale di Mosca.

Una volta che tutti gli ospiti si sono ritrovati all'interno ci si è resi immediatamente conto delle prime problematiche.

Come sistemare gli ospiti?

Quanti coperti ci sono?

Quante sale sono disponibili?

Siccome tutti i nodi prima o poi vengono al pettine, soprattutto in caso di maltempo, scatta il piano B.

Ebbene, sono bastati pochi minuti per capire che *in primis* la capienza della sala, che doveva contenere 200 coperti, era stata arrotondata per eccesso perché in realtà ne poteva contenere solamente 185. E per di più gli ospiti sarebbero stati suddivisi in tre sale separate.

Molto spesso i manager della villa sperano che vada tutto bene e si disinteressano di alcuni dettagli:

«Tanto non se ne accorgeranno... non verranno alla festa tutti gli ospiti che gli sposi hanno invitato...».

E soprattutto: «Non pioverà proprio quel giorno!».

E invece...

E invece ci sono cose che non si possono prevedere e non tutto fila sempre come noi vorremmo.

Il rinfresco infine fu allestito in una strettissima saletta rimasta disponibile e le altre due furono adibite per il banchetto inizialmente previsto all'esterno.

Il risultato non fu soddisfacente dato che il catering dovette adoperarsi in questo in brevissimo tempo sotto gli occhi critici degli ospiti, per poi continuare il proprio lavoro tutti completamente fradici.

Si dovette inoltre fare a meno dei menu, ormai ridotti a carta da macero sul tetto del vicino o sparpagliati nei campi: cosa che aprì dibattiti fra il vicinato nei giorni seguenti sulla corretta scelta delle portate.

Per la cronaca, il famigerato contadino ha in seguito restituito qualche metro di tulle, onde evitare di pagare davvero il catering.

A rimanere sacrificati (non sul fuoco, eh) furono soprattutto i bambini, che persero la loro amatissima area giochi in giardino.

Come potete immaginare, un breve temporale è bastato a rovinare in pochi minuti tutto il lavoro di mesi, mandando all'aria il piano A e facendo passare tutti direttamente al piano N di NIENTE!

Ovvero un'ammucchiata di persone fradice all'interno della casa, senza cibo e vivande.

Il problema del tempo avverso si accentua ancora di più se i malaugurati sposi scelgono di fare il rito civile all'americana nel suggestivo parco.

Ho saputo di una celebrazione all'aperto la cui alternativa in caso di pioggia sarebbe stata una minuscola sala al terzo piano della bellissima villa settecentesca.

Per raggiungerla l'unica via di accesso era una scala con gradini irregolari e talmente ripida che le donne avrebbero dovuto purtroppo sostituire le amate Prada tacco 12 con ramponi da alta montagna in punte metalliche. Ok, forse anche qui ho esagerato un po'...

Conclusosi il rito del matrimonio, per scendere le scale hanno usato il metodo alpinistico a cordata doppia con zia Maria che faceva da capocorda... qui ho esagerato meno...

Supponiamo invece il caso opposto.

Sei in piena estate e scegli per di più l'anno sfigato del Niño! Il cielo è azzurro e non si vede una nuvola manco a pagarla, non c'è vento, al massimo un po' di umidità, ma la temperatura esterna è di 45 gradi all'ombra, come nel Sahara sudoccidentale in primavera.

Se il rito civile oppure il banchetto di nozze viene svolto nel gazebo esterno intorno all'una del pomeriggio e la sfiga vuole anche ci sia vento di Phon, devi aggiungerci almeno il 50% di effetto Windchill: la temperatura percepita dal corpo umano. In poche parole, significa che zia Maria e tutti gli ospiti percepiscono 62 gradi!

La sposa con l'abito sintetico a 22 strati sovrapposti e lo sposo con papillon e corpetto ermetico di raso lucido possono anche raggiungere in casi estremi la temperatura di ebollizione!

Con in aggiunta il forte rischio di trovarsi zia Maria denudata in mutande color carne a ritenuta elastica e reggiseno soppalcato in titanio.

Se invece il rito o il banchetto di nozze esterni sono serali ma non c'è un filo di vento, si formerà una cappa tale da fare aumentare l'umidità dell'aria del 90%, sufficiente da far credere di essere un giorno qualsiasi a Bangkok, nella stagione dei monsoni.

La location manager vi avrà certamente consigliato di svolgere il rito del matrimonio civile in mezzo al giardino della sua villa d'epoca «perché le foto verranno bene come quelle del catalogo!». Purtroppo queste ultime sono però state scattate ad aprile con venti gradi in meno.

La scelta più saggia sarebbe stata quella di svolgere la funzione all'ombra lungo un viale o sotto antiche querce, se soltanto avessero previsto l'inconveniente della calura estiva.

E se siamo in piena estate ma all'interno della location storica manca l'aria condizionata?

Ebbene i casi sono soltanto due: o hai scelto la tua location su qualche isola del Mediterraneo tipo Stromboli, come quella consigliata dalla wedding planner di cui parlavo precedentemente, e potrai quindi rinfrescarti con un tuffo carpiato con avvitamento tra una portata e l'altra (se il vino è buono di solito riesce molto bene!), oppure hai scelto di fare soffrire i tuoi invitati, imponendo loro una sorta di *mea culpa* e autofustigazione... della serie: il primo che osa togliersi la cravatta paga il pranzo a tutti!

Certamente ci si potrà dissetare con acqua e vino, che vengono serviti ancor prima di iniziare il banchetto.

Ma anche tutto ciò ad un certo punto non sarà più sufficiente: nessuno ama bere l'acqua a temperatura ambiente e qualcuno preferirà docciarsi con un po' di San Bernardo frizzante.

Alle 17, l'acqua sarà così calda che si potrà onorare l'ora del tè servendone un po' direttamente dalle bottiglie rimaste.

Nel frattempo anche il vino bianco docg piemontese, come il Roero Arneis, si sarà trasformato in vin santo toscano in cui pucciare i cantucci, ed il vino rosso sempre piemontese, come la Barbera d'Alba, sarà più simile ad un aromatizzato vin brûlé valdostano, che però solitamente viene servito a gennaio a 2000 metri di altezza.

Un altro elemento che vi deve scoraggiare dal prenotare è la mancata empatia con il personale che si dovrà rapportare con voi, **prima** e **durante** il matrimonio.

È essenziale che vi siano almeno tre fattori fondamentali:

- Dialogo;
- Feeling;
- Chiarezza sin da subito.

Il dialogo sincero e aperto con i responsabili è molto importante in quanto permette a voi di esternare tutte le richieste, e ai titolari o al catering di rispondere con le eventuali soluzioni adeguate ai vostri gusti.

Quando la filosofia tra le due parti è molto simile, è molto più semplice trovare dei compromessi che accontentino tutti, evitando di fare delle scelte azzardate o inattuabili che provocherebbero delle pessime figure, ma anche di non propendere sempre per gli interessi di chi vi vende un servizio.

Alcuni sposi, a causa della poca trasparenza, si sono dovuti cimentare in formule ed equazioni per capire quanto effettivamente avrebbero speso per la loro festa... considerando che il costo dell'affitto viene emesso privo di Iva al 22% (che verrà aggiunta in un secondo momento), mentre il catering, figurando come somministrazione di alimenti, prevede un'Iva del 10%.

A questo già non troppo semplice calcolo, bisogna aggiungere l'alcol che è a consumo. Vien da sé che se avete degli amici a cui piace alzare il gomito in occasioni come questa, la spesa finale lieviterà molto facilmente. Bisogna poi considerare il musicista o il dj, il quale costerà ovviamente di più se sarà presente per tutta la giornata. Insomma, avrete facilmente bisogno dell'aiuto dei matematici di Stoccolma per venirne a capo.

Il conto al momento del saldo può riservare molte sorprese (non belle, purtroppo) a causa di tutti gli extra a cui non avete inizialmente dato peso: abbassando il budget per il viaggio di nozze nel bungalow privato alle Maldive.

Quando sei in procinto di decidere, ricordati che le caratteristiche della location sono fondamentali per la buona riuscita della tua festa.

Non voglio entrare nel merito dei gusti estetici personali che variano, appunto, da singolo a singolo o da coppia a coppia.

L'agriturismo, una bella villa o un maestoso castello possono essere tutti perfetti, dipende esclusivamente dal tuo modo di vivere questo evento.

Ogni soggetto ha infatti una filosofia e un modo di approcciarsi a questo momento differente, ma in questa sede voglio concentrarmi sull'aspetto logistico e tecnico, per renderti la vita più facile e serena.

Se hai scelto un agriturismo perché avete un'anima *green*, o magari un castello perché desiderate un'atmosfera romantica, non c'è differenza: alcuni elementi non possono proprio mancare a prescindere dalla tipologia di matrimonio che avete in mente.

Partiamo dal punto più semplice: il **parcheggio**.

Qualsiasi location che si rispetti **deve** avere un parcheggio riservato agli ospiti, e se il livello è medio-alto dovrebbero anche essere presenti degli addetti con il compito di aiutare gli invitati a trovare un posto libero.

Questi ultimi inoltre aiutano la clientela a dirigersi verso l'ingresso, indicando eventualmente ulteriori entrate per passeggini e disabili, o elargiscono le prime informazioni riguardo all'evento.

In secondo luogo **l'aperitivo necessita di uno spazio adeguato** e nei mesi più caldi, anche di coperture adatte.

Questi accorgimenti basilari sono fondamentali per permettere agli ospiti di passeggiare e ai bambini di sfogarsi.

Alcune strutture antiche sono arricchite da fontane e statue che possono essere molto utili per le foto di rito. In questo modo si risparmia tempo e non è necessario girare mezza provincia per trovare lo scenario adatto.

Passiamo poi agli interni, dove solitamente si svolge il pranzo o la cena.

Mi soffermo un attimo a riguardo, spiegando perché non prendo in considerazione il banchetto esterno.

Possiedo infatti un'esperienza tale per cui posso tranquillamente garantire che le *condizioni perfette* per un pranzo all'aperto – tra clima, umidità e insetti – si verificano, nei migliori dei casi, solamente due fine settimana all'anno.

Mi sembra un po' troppo poco statisticamente per azzardare una scelta del genere, ma se vi sentite fortunati, nessuno ve lo vieta. Come si dice, uomo avvisato mezzo salvato!

Anche per la sala del banchetto la caratteristica primaria è sempre la dimensione, deve essere cioè non troppo piccola rispetto al numero degli invitati ma nemmeno gigantesca, tale da creare un effetto troppo dispersivo.

Se la sala dovesse essere troppo stretta si genererebbe un grande disagio per gli invitati, i quali troverebbero grandi difficoltà nell'alzarsi e nel muoversi, intralciando tra l'altro i camerieri. L'ambiente risulterebbe molto caotico, e si faticherebbe probabilmente a parlarsi a vicenda.

Al contrario una sala troppo grande rischia di "raffreddare" la tua festa, poiché i tavoli, dislocati a grande distanza l'uno dall'altro, disperderebbero il calore e l'emozione della condivisione e del divertimento fra amici e parenti. Sembrerà addirittura che ogni applauso venga fatto in una grande cattedrale vuota!

Ricordate infine che dovrete girare fra i tavoli per ringraziare e chiacchierare con i vostri ospiti, con indosso (perlomeno la sposa) un abito che non sarà di dimensioni usuali.

Questo rito deve essere un piacere, non una sofferenza causata da spazi troppo angusti.

Alcune location, e questo è indubbiamente un punto a loro favore, mettono a disposizione aree attrezzate per i bambini e giovani animatrici che si possano occupare di loro.

Non è un fattore obbligatorio, ma permette a tutti gli adulti di rilassarsi e godersi la festa.

Nelle location più *in* va di moda una saletta solo per la sposa, nella quale può rifugiarsi durante la festa assieme alla mamma o alle amiche per darsi una piccola risistemata dopo i vari balli, i baci e i numerosi abbracci.

Lo sposo, durante questi brevi momenti, di solito si apparta con gli amici nell'angolo cubano a base di Rum e sigari sapientemente allestito dalla wedding planner.

Come già accennato, innumerevoli location storiche hanno spazi talmente piccoli che gli ospiti sono divisi in più sale.

La location manager potrà raccontarvi tutte le motivazioni storiche che vuole, ma dividere gli ospiti in più sale non è un bel modo per invitarli alla tua festa! Non è cortese dividere gli invitati di serie A da quelli di serie B (nei casi peggiori ci sono anche quelli di serie C...)!

È una festa alla quale tutti i tuoi invitati devono partecipare allo stesso modo, con la stessa importanza.

Ora arriviamo alla variabile forse più temuta dagli sposi: il **meteo avverso**. È inutile puntare tutto sulle previsioni tre giorni prima del matrimonio: è molto più saggio custodire un jolly nella manica per evitare di ritrovarsi nel panico.

Forse nel racconto di prima ho esagerato un po' con tempesta e grandine, ma riflettici solo un attimo: basta molto meno di un uragano per rovinare l'unico giorno che hai a disposizione per sposarti e festeggiare il tuo matrimonio!

Per questo motivo quando scegli una location è importante che vengano tenuti in considerazione tutti gli scenari possibili, sia quelli con tempo soleggiato ma molto caldi, sia quelli con il meteo pessimo e pioggia a dirotto.

Quando il tempo è bello e soleggiato, l'aperitivo può svolgersi all'esterno, a patto che vi sia un gazebo ampio, o delle folte chiome d'albero. Il sole non deve essere diretto sulla testa degli invitati e nemmeno sulle portate di cibo che potrebbero danneggiarsi in breve.

Se hai scelto di effettuare anche il rito all'aperto, magari in un mese molto caldo con temperature probabilmente alte e sole a picco, allo stesso modo, proprio come per l'aperitivo, sono necessarie tensostrutture e gazebi, o ancora meglio viali alberati. Terminato il rito e trasferiti tutti gli ospiti all'interno, dove si svolgerà il tuo banchetto, è assolutamente necessaria l'aria condizionata.

Non ha solo l'effetto di raffreddare gli ambienti con immenso piacere degli ospiti e tuo, visto che sarai vestita non certo in modo "pratico e leggero", ma soprattutto toglie l'umidità creata dal respiro e dal calore emanato da tutti gli invitati, e rende l'aria della sala decisamente più respirabile.

Ma se piove?
Senza dover arrivare alla tempesta perfetta del racconto di prima, ti dico che è fondamentale (ripeto: fondamentale) che ci sia sempre un accurato piano B.
Anzi, mi correggo, la cosa migliore sarebbe **un ulteriore piano A**, altrettanto soddisfacente del primo.
Ti auguro di sposarti durante una bella giornata soleggiata e fresca, ma se questo non dovesse capitare è importante che la sala al chiuso sia invitante e piacevole quanto l'esterno.
Questa sala deve essere **preventivamente allestita** senza attendere che il temporale sia ormai sulla vostra testa.

Se invece hai intenzione di far celebrare anche il rito della cerimonia civile all'aperto, tipo quello all'americana nel parco, pretendi per la tua serenità di avere a disposizione un'ulteriore sala interna. Anche questa sala deve essere appositamente dedicata e deve poter contenere tutti gli invitati. Deve essere esteticamente piacevole e possibilmente antica, avendo tu scelto la location per questo motivo.
Non deve mai essere la stessa sala dell'aperitivo né tantomeno quella che sarà poi quella dedicata al banchetto.

Nelle location con gli spazi adeguati e le organizzazioni migliori, preparano due allestimenti sia all'interno che all'esterno della struttura, soprattutto quando il tempo è molto incerto, per poter aver la possibilità fino all'ultimo momento, nel caso il tempo migliorasse, di accontentare gli sposi che desideravano tanto sposarsi all'aria fresca.

Per finire, affidati a chi ti può garantire un briciolo di esclusività e ti permetta di avere tutta la location a tua disposizione.
Al limite, quando la struttura è molto grande, essa può essere suddivisa, ma è importante che parcheggi ed ingressi siano rigorosamente separati.

Il grande pregio di strutture antiche e storiche come casali, manieri e ville è di emanare un'atmosfera unica grazie al passato che trasuda da ogni mattone, affresco o colonna.

I casali e le antiche ville aristocratiche sono location che un tempo solo i ricchi commercianti e proprietari terrieri potevano permettersi, mentre oggi sono alla portata di tutti.

Il castello, a mio parere, un tempo dimora di regine e principi, rimane l'*environment* più romantico e suggestivo in assoluto per un'occasione in cui è l'amore a trionfare. Non per nulla è proprio il castello a comparire nelle fiabe antiche in cui viene sugellato l'incontro romantico tra i protagonisti.

Quest'ultimo però, veniva storicamente costruito come fortezza e maniero impenetrabile, a sottolineare il potere del re o del nobile di turno mediante stili e accorgimenti architettonici che non sempre si adattano allo scopo odierno. Le strettoie, i gradini impervi, che stridono con l'esigenza odierna di eliminazione delle barriere architettoniche, sono a volte un limite nella scelta dell'ambiente giusto.

Insomma, come hai capito potrai trovarti di fronte a molti scenari diversi nelle dimore e strutture antiche che andrai a visionare, ma percepirne anticipatamente alcuni particolari, che magari da soli avreste ignorato, può indirizzarvi verso la scelta giusta.

Se saprai cogliere questi piccoli dettagli, adattandoli ai tuoi gusti, il tuo sarà un matrimonio che ricorderai per sempre... a prescindere dalle previsioni atmosferiche!

CAPITOLO IV

Cucina interna oppure catering?

In questo capitolo gioco in casa avendo gestito in oltre vent'anni tutte le situazioni possibili delle principali categorie di banchettistica: dal ristorante al catering, fino alla sola location.

Iniziamo a distinguere le tre diverse categorie principali, eliminando pizzerie, buffet *all you can eat*, bocciofile comunali, McDonald's e *fast food* in generale... che non me ne vogliano ma mi sembrano inappropriati per festeggiare il tuo matrimonio da sogno.

Allora ci rimangono:

- ristoranti classici per banchetti;
- location storiche con catering esterno;
- rarissime dimore d'epoca con cucina interna.

Iniziamo dalla prima categoria.

I ristoranti per banchetti

Ebbene, ne ho gestito uno personalmente per molti anni. Diventando leader in Piemonte di eventi in generale, anche se hanno sempre preferito i banchetti di nozze. Ho organizzato di tutto: dai matrimoni di ogni razza e religione per passare ai battesimi, alle comunioni, alle cresime, ai compleanni, agli anniversari di tutti i tipi, alle lauree, fino ad arrivare alle feste di pensionamento.

Insomma, potevo seguire un uomo dalla nascita, per la festa del battesimo, fino ad arrivare al giorno in cui avrebbe smesso di lavorare.

Ero quasi arrivato a fare come dal distributore dell'Agip, facendo riempire una scheda personalizzata con i bollini e regalando un forno a microonde per il cliente che avesse festeggiato almeno tre eventi della sua vita nella mia location.

In questo modo molti clienti si sarebbero fidelizzati mettendo da parte negli anni praticamente tutti gli elettrodomestici della cucina!

Tutto questo è per raccontarti che, in un ristorante classico specializzato in eventi di tutti i tipi, durante lo svolgimento del tuo matrimonio nella sala di fianco alla tua, se tutto va bene, non c'è solamente un altro matrimonio bensì tre chiassosissime comunioni, due cresime e un compleanno per i diciott'anni!

Tra l'altro, sono eventi che hanno il tuo stesso identico menu, ma per il quale, chissà per quale motivo, gli interessati dovranno sborsare solamente la metà di quello che dovrai sborsare tu!

Sovente in questi ristoranti classici per banchetti, l'abbigliamento dello staff di servizio è stato lasciato al buon gusto del cameriere, rigorosamente senza cravatta o papillon. Così si vedono camicie hawaiane a fiori lilla per intonarsi al colore dell'anno, felpe con il cappuccio, canottiere da camionista e t-shirt con le scritte più inimmaginabili.

Ho visto un cameriere che serviva l'arrosto di Fassone Piemontese, con la scritta sulla maglietta: *Mangia vegano*! Ma soprattutto le Nike Air arancio fosforescente ai piedi. Questo perché sono comode... con il gel nell'intercapedine della suola per assorbire i colpi dei tre scalini che vanno dalla cucina alla sala.

Inoltre nei ristoranti che organizzano più eventi in contemporanea la qualità e la velocità di servizio sono molto difficili da ottenere. Infatti quando si devono allestire diversi menu con portate totalmente differenti, e nel momento dell'uscita dei primi si hanno sui fornelli otto diversi piatti, la conseguenza è quella di avere molto meno dettaglio... e la probabilità di sbagliare da parte degli chef è altissima.

Cosa diversa se si avesse da seguire un matrimonio solo in tutta la giornata.
Anche la velocità e la tempistica corretta per il servizio sono difficoltose se si gestiscono più eventi di tipo diverso in contemporanea: si devono sempre rispettare i tempi della cucina per tutti i menu in corso.

Passiamo ora alla tipologia successiva.

Location con catering esterni

E qui arriva il bello… avendo visto nella mia lunga carriera tutte le situazioni possibili che possono capitare ad una festa di matrimonio.

La maggior parte delle location che hanno il catering esterno sono strutture di pregio tipo dimore antiche o storiche e, ti ricordo, che erano strutture **costruite non per allestire banchetti di nozze**.
Soprattutto, i castelli del periodo medievale erano vere e proprie fortezze! Riflettici: adattare una struttura costruita molti secoli fa con lo scopo di non fare entrare nessun nemico a una struttura in cui, per legge, tutti gli ospiti riescano ad uscire in caso di necessità o pericolo in un paio di minuti è qualcosa di non scontato!
O meglio: è una vera e propria impresa!

Io ne so qualcosa…

Iniziamo da una considerazione. Spesso aziende che forniscono il catering, proprio perché aziende *esterne* alla dimora d'epoca ospitante il banchetto, non hanno la **conoscenza approfondita della struttura**. Se per di più parliamo di un castello o di una grande villa con molti corridoi e diverse stanze, la cosa si complica.

In questo caso è necessario fornire una sorta di *kit di sopravvivenza* a tutti i dipendenti del catering, soprattutto ai camerieri e al personale di sala, contenente una mappa semplificata tipo quella di Gardaland con il pallino rosso in stile: "Tu sei qui!".
Aggiungo inoltre una torcia a led stagna a lunga durata con bussola incorporata e GPS di ultima generazione usato per la ricerca sotto le slavine. Infine un coltello con lama da 40 centimetri, come quello di Rambo, in caso di attacco da parte di un cinghiale nel grande parco del castello.
Forse ho esagerato un po'… che dici?!

Dicevamo: il catering scelto per la villa antica è gestito da una ditta esterna alla location. E qui entra in causa la questione organizzativa del banchetto e della festa in generale.
Ho visto catering anche di grande fama e molto conosciuti nel *banqueting* che nella fretta della preparazione hanno dimenticato nel loro

magazzino il mestolo.

Lo chef ha poi usato il manico della scopa per girare la pasta nel pentolone!

O un'altra volta, per un matrimonio di 180 invitati, sono state lasciate in sede le patate per il contorno dell'unico secondo. Il capannone era a 120 chilometri di distanza dalla dimora del banchetto e gli addetti si sono accorti della mancanza delle patate solamente dopo i primi piatti, appena una ventina di minuti prima del servizio del contorno.

L'unica soluzione è stata quella di formare una "squadra speciale" dei migliori camerieri a disposizione e razziare tutti gli orti con patate novelle del vicinato.

Quando invece organizzavo catering mi è anche successo di dover mandare a cucinare lo chef nella cucina del custode della villa, che naturalmente viveva da solo e aveva giusto un fornellino a gas stile campeggio ed un forno a microonde in cui ci stava a malapena una scodella per volta.

Ha dovuto cucinare tutto il menu delle nozze, dai frittini dell'aperitivo fino al secondo, solamente con l'ausilio di una bombola di camping gas!

Il solo pranzo è durato ben nove ore!

E per di più i piatti erano arrivati tutti freddi.

Tutta questa confusione perché il camion che conteneva la cucina del catering aveva investito due renne che trainavano un uomo con una lunga barba bianca e un vestito rosso. Oltre ad avere rotto il radiatore del veicolo nello scontro, il camion era stato trainato da un mezzo di soccorso fino alla location ed era arrivato quando alla festa erano già all'*open bar*.

Così è stato deciso di usare i lampeggianti del mezzo ACI come luci da discoteca, che il musicista, preso dagli sposi, si era dimenticato di portare.

Inoltre l'autista è stato condotto in caserma dei carabinieri della stazione locale perché volevano sapere cosa ci facesse Babbo Natale sulla statale Torino-Cuneo... per di più nel mese di giugno!

Nel caso di cui ti ho appena raccontato, avevamo almeno il camping gas ma mi è successo realmente una volta che non si avesse nemmeno quello!

L'unico modo per ottenere del combustibile per cucinare il pranzo era andare nel bosco a raccogliere legna secca da ardere.

Ringraziando il cielo, quella volta c'era un bravissimo chef che, nonostante tutto, è riuscito a fare arrivare agli sposi ed ai loro ospiti uno splendido banchetto di nozze, tutto però... leggermente affumicato.

Infine non di minore importanza quando opti per un catering è la scelta dei piatti da mettere nel menu.

Ho sentito di sposi che, essendo di origini piemontesi, hanno chiesto il vitello tonnato tradizionale come antipasto.

È stato risposto dal catering che loro non erano attrezzati per le maionesi, in compenso, potevano servire l'insalata di mare, tanto era surgelata, così potevano prepararla il giorno prima.

In questi anni che ho gestito tutte le situazioni organizzative possibili quella decisamente più difficile è senza dubbio il catering.

Le aziende che offrono servizio esternamente a ville e castelli, o comunque a dimore antiche non adattate alle necessità moderne, pur facendo veri e propri miracoli di logistica, producono piatti che non potranno mai essere così espressi, freschi e personalizzati come accade con una cucina attrezzata a puntino, stanziale e interna alla location.

Questo è ancora più valido dopo l'avvento della delicata elettronica anche nell'attrezzatura professionale moderna.

Oramai i cuochi attuali devono essere professionisti a metà strada tra un hacker e una massaia.

Infine parliamo della terza e ultima tipologia.

Location storica con cucina interna

Forse il miglior compromesso tra tutte le soluzioni possibili, ma anche il più raro da trovare con tutte le caratteristiche necessarie, sta nell'essere in una bella location storica dove pure la cucina sia all'altezza della situazione.

Se parliamo di una location adatta, sicuramente è possibile affittare gli spazi a disposizione della struttura stessa in base alle tue necessità; se per di più hai la location storica tutta in esclusiva, le soluzioni (soprattutto in una *grande* struttura) sono molteplici.

Comunque di solito dovresti avere a disposizione gli spazi necessari per attuare un secondo piano A in caso di maltempo!

A differenza di quanto accade nei ristoranti tradizionali per banchetti non c'è il pericolo di ritrovarsi nella sala di destra un nozze d'oro e un battesimo, ed in quella di sinistra un paio di comunioni schiamazzanti.

Mentre per le location che dispongono di catering esterno, lo standard naturalmente dipende dall'azienda di catering che hai scelto.

Per cui sovente si sente dire: «Bellissima villa ma cibo e servizio non all'altezza»; oppure l'opposto: «Buon cibo e ottimo servizio però in una location che più che antica era vecchia e mal tenuta».

Per questi motivi, il catering dà la colpa alla villa ospitante, magari accusata di essere mal tenuta, e la villa dà la colpa al catering perché secondo gli ospiti e le loro recensioni hanno cucinato o servito male.

E non vorrei essere il giudice di pace che decide chi dei due ha torto e chi ragione.

Ma adesso voglio essere un po' più serio e spiegarti in concreto la differenza tra i diversi modi di concepire un banchetto di nozze.

Inizio di nuovo con il cercare di farti capire la situazione che avresti nei ristoranti classici per banchetti, che sono sparsi un po' in tutta Italia, e che possono essere in strutture più o meno antiche, e di tutti i tipi.

Ci sono ristoranti in casali, ville antiche, dimore d'epoca ed anche in qualche raro caso in castelli medievali.

Non voglio parlarne male perché lavorare in queste strutture mi ha dato "da mangiare" per moltissimi anni e mi ha insegnato moltissimi trucchi. Sono trucchi che ho poi portato nella banchettistica e che hanno fatto negli anni, per me, una grande differenza in conoscenze specifiche e nella gestione di momenti in cui ero sotto pressione.

Il matrimonio è forse l'evento più difficile da amministrare, organizzativamente parlando: non c'è la possibilità di una seconda volta!

È quasi da paragonare ad un'operazione a cuore aperto!

Chi lo coordina deve padroneggiare conoscenze praticamente su tutto, deve sapere tutto quello che succede il giorno del matrimonio, ma soprattutto tutto quello che potrebbe accadere se non si prendono precauzioni in anticipo.

Soprattutto si deve investire del ruolo di *specialista* chi lo è di mestiere ed ha esperienza in quel determinato campo.

Il titolare della location, o chi coordina il tuo matrimonio, non deve per forza sapere cucinare, per quello c'è il cuoco, ma deve sapere quali sono gli ingredienti, cos'è il cibo buono e cosa piace ai clienti.

Non deve sapere fare il fiorista ma deve sapere distinguere i fiori... e una bella composizione da una brutta.

Non deve servire in sala, per quello ci sono il *maître* ed i camerieri professionisti, ma deve sapere come vogliono essere serviti gli ospiti e qual è il galateo della tavola.

Non deve essere per forza un sommelier ma deve saper distinguere le varie tipologie di vino e conoscere almeno la loro provenienza.

E infine non deve essere un PR di grandi eventi per organizzare una bella festa, ma deve sapere cosa vuole dire organizzarne una in sicurezza per rendere serena la sposa e far divertire tutti gli invitati.

Con questo volevo dirti che il titolare di ristoranti, location o catering che sia, deve semplicemente essere un **ottimo imprenditore**, cioè un bravo organizzatore, e sapersi scegliere i **collaboratori migliori**!

Per riprendere il discorso sui ristoranti, il mio parere è che il ristorante può avere un'ottima cucina come una pessima, quello puoi controllarlo chiedendo ai tuoi conoscenti o tramite le recensioni sul Web.

Quello che è sicuro, invece, è che se non puoi affittare gli spazi in esclusiva, e ci sono altri eventi durante il tuo matrimonio, la tua scelta rimane sempre una "soluzione di massa": nulla da togliere, e senza rancore a tutti i miei colleghi ristoratori!

I catering esterni

Anche in questo caso non posso parlare male dei miei colleghi del catering ma conosco benissimo le problematiche legate al trasporto e alla logistica di tutta l'attrezzatura necessaria per il buon funzionamento del banchetto di nozze, oltre alle enormi problematiche di adeguarsi ogni volta ad una struttura e situazione diversa.

Esempio: sabato matrimonio in una villa antica, domenica nozze in un vecchio casolare, weekend successivo ricevimento in un castello antico e giorno dopo ancora rito con banchetto in un prato sotto una tensostruttura.

Capisci che adattarsi ogni volta ad una situazione differente è molto difficile per chiunque, pur organizzato e con molti anni di esperienza alle spalle come ho io. Soprattutto ciò vale per strutture antiche come dimore e ville storiche oppure castelli dove ci sono gradini e barriere architettoniche da tutte le parti.

Sovente il catering chiede fino ad un 20% in più sul costo del menu per via della difficoltà che ha ad organizzarsi per cucinare e servire in modo adeguato, o almeno in modo decente, soprattutto in una location antichissima.

Anche la qualità dei piatti non può essere ai massimi livelli, anche per via della legge italiana – questo dobbiamo dirlo! – che permette alle aziende di catering di cucinare solamente nella loro sede "a distanza", approvata dalla ASL di competenza. Gli alimenti possono solamente essere *ravvivati* una volta arrivati sul luogo del banchetto prima del servizio in sala.

L'unica alternativa è montare una vera e propria cucina da campo direttamente sul luogo del banchetto.

Invece in caso di cucina interna alla struttura antica, naturalmente approvata dalla ASL di competenza, è possibile cucinare tutto il menu scelto da te in modo espresso e sul posto, cambiando radicalmente la qualità e quindi i gusti dei piatti che hai scelto.

Inoltre, immancabilmente, i catering, una volta arrivati sul posto prescelto per il banchetto, hanno il problema di non disporre di un magazzino in loco oppure di attrezzatura stanziale che sicuramente faciliterebbero l'organizzazione di tutto l'evento del *banqueting*.

Come già ti raccontavo, è un classico che si accorgano di aver dimenticato qualche attrezzatura in sede centrale o qualche alimento. Questa problematica è molto più risolvibile con la cucina interna, come nel caso dei ristoranti classici.

Anche le location storiche hanno il grande vantaggio di avere una cucina interna attrezzata, tale da poter permettere di cucinare anche i catering esterni alla struttura stessa. Ma ricorda: sicuramente questo *plus* incide sul costo del menu del catering.

Decisione presa in accordo con gli sposi oppure tramite il consiglio della struttura ospitante il banchetto?

Questo dipende: se è la struttura d'epoca l'attrattiva principale per gli sposi, di solito la location d'epoca ha una lista di catering esterni che propone (perché ha un patto di collaborazione oppure perché semplicemente si fida del loro modo di lavorare, o ancora più semplicemente perché questo fa guadagnare di più al location manager).

Anche in questo caso chiedo scusa ai miei colleghi del catering se sono stato troppo "diretto", ma è la promessa che ho fatto al lettore nell'introduzione: quella di *spiegare anche quello che gli altri non ti dicono*.

Comunque rimane tra i lavori più complessi e duri nel mondo del matrimonio.

La location antica con la cucina interna

Secondo il mio parere, avendole provate tutte, *è la soluzione migliore*! Ora ti spiego anche il perché.

Nel caso di location storica con cucina interna alla struttura di solito operano due aziende: una per la location e una per la cucina, appunto. Ti sembra banale? Non lo è.

Ora, queste due aziende sono gestite dalla medesima società, ed essendo questa la stessa società ha tutti gli interessi che entrambe le realtà siano eccellenti, perché il buon nome del brand dell'azienda dipende da entrambi i fattori.

Per cui non può succedere come nel mio racconto all'inizio del capitolo dove la location scarica la responsabilità al catering ed il catering alla location.

Detto ciò, la più grande differenza tra avere un catering esterno o una cucina stanziale dentro la location è che sicuramente in quest'ultimo caso la titolarità ed i suoi collaboratori hanno studiato a tavolino **tutti i dettagli organizzativi** per riuscire ad essere più funzionali possibile per quanto riguarda il servizio e la logistica in generale, secondo le caratteristiche più consone al loro target.

Se il catering arriva esternamente alla location, non sempre questa è attrezzata per quel servizio specifico, e le problematiche da risolvere e i contrattempi sono sempre dietro l'angolo.

Nel mio caso specifico, i miglioramenti alla struttura d'epoca, alla logistica e alla sua organizzazione sono sempre in continua evoluzione per migliorare sempre di più il servizio reso ai clienti.

E questo per il fatto che gestisco tutti i giorni un maniero antico, un vero e proprio castello, e vedo personalmente le problematiche che scaturiscono durante un banchetto di nozze... e cerco sempre di metterne rimedio nel più breve tempo possibile e nel migliore dei modi.

Considera anche un'altra cosa. Una struttura antica ha dei costi di manutenzione enormi rispetto ad una location moderna, per cui il lavoro da fare per tenere la dimora in ordine è praticamente continuo. Se poi ci aggiungi anche le modifiche da portare alla struttura stessa per il continuo cambiamento delle esigenze degli sposi, puoi immaginare il lavoro enorme che c'è da fare.

Quanto lavoro è da sbrigare dietro le quinte da parte dei proprietari e dal loro staff per tenere sempre al suo massimo splendore un antico maniero, vecchio magari di molte centinaia d'anni.

Avendo dato il mio parere su tre differenti tipologie per il banchetto del tuo matrimonio, ora tocca a te decidere se quello che ho detto è giusto o se si tratta solamente di "cazzate".

Ma siccome nel titolo del capitolo c'è anche la parola **cucina**, vorrei spendere qualche riga in più a questo proposito perché questo è un argomento che mi è sempre stato molto a cuore... sono un buongustaio e sono nato a Cuneo... con azienda attuale nella stessa provincia, sai, la famosa Provincia Granda!

La chiamiamo così noi *barotti*, cioè **non** cittadini della nobile città dei Savoia, nonché capoluogo di regione, che è la città di Torino.

Noi cuneesi abbiamo molti difetti: *in primis* nelle grandi città, quando ci troviamo in auto a guidare su strade a tre corsie o sui larghi e trafficati corsi torinesi, ci sentiamo spaesati.

Ma soprattutto diamo il meglio di noi quando è ora di cercare parcheggio... che infine troviamo solitamente 45 minuti dopo l'inizio della ricerca, al settimo piano sottoterra, dopo aver strisciato il paraurti praticamente alla curva di ogni piano, a circa 7.8 chilometri dal luogo in cui dobbiamo andare: il tutto dovendo anche pagare 4 euro l'ora!

Sai, sono ormai abituato alla mia Villanova Solaro, cittadina della campagna cuneese ai piedi del Monviso, dove i titolari di alimentari hanno allargato l'ingresso per fare entrare direttamente la macchina del cliente nel proprio negozio, insomma un *Drive In* stile *country*...

A parte il pregio dei parcheggi, la provincia cuneese è ai vertici mondiali dell'enogastronomia.

Quando si sente dire in giro che la cucina piemontese è eccezionale, mi piace ricordare sempre che la provincia di Cuneo è la nostra Grande Terra, ma piccola di abitanti, conosciuta a livello internazionale, che negli anni ha esportato i fantastici prodotti del suo territorio in tutto il mondo.

Non solo ha aiutato nel marketing tutto il Piemonte ma ha anche trascinato tutto il comparto agroalimentare nazionale.

Per iniziare dalla prestigiosa fondazione di *Slow Food*, con solo prodotti di alta qualità d'origine controllata, provenienti da tutto il pianeta, per un mondo più sostenibile nel produrre e commercializzare cibo.

Inoltre la provincia di Cuneo è anche sede dell'unica **università** italiana sull'arte dell'alimentazione, che si trova nelle magnifiche Langhe, esattamente a Pollenzo: questo è anche il luogo in cui è nato e dove ancora ha la sede centrale il gruppo di **Eataly** che oramai vanta sedi in tutto il mondo, nelle città più prestigiose e conosciute.

Ma soprattutto è la sede della multinazionale del cioccolato, la Ferrero di Alba, con la mitica **Nutella**!

I prodotti della nostra terra sono unici, dalle carni come il Fassone di razza Piemontese, la gallina bianca di Saluzzo, il coniglio grigio di Carmagnola, l'agnello sambucano, e via dicendo. Ma non dimentichiamo frutta e verdura, come il Porro di Cervere, il peperone di Carmagnola, le patate della Valle Stura, i piccoli frutti di Peveragno oppure le pesche nettarine di Canale fino ad arrivare al kiwi di Lagnasco.

Passiamo poi dai primi, come le chicche della Val Varaita e i famosissimi ravioli del *plin* al sugo d'arrosto, ai vari risotti, come quelli ai funghi porcini oppure alla salsiccia di Bra.

Non parliamo poi dei nostri vini...

Qui che non me ne vogliano i veneti, i toscani, i trentini, i pugliesi, i friulani e quelli di Pantelleria, ma il vino rosso piemontese, coltivato e prodotto nelle Langhe, è il migliore d'Italia!
Stiamo parlando di Barolo docg oppure del Barbaresco docg, passando dalla Barbera d'Alba doc e il Dolcetto di Diano d'Alba docg.

Volevo ancora raccontarti dei vini bianchi e degli ottimi dolci e dessert piemontesi ma mi sono già fatto prendere troppo la mano...
Sono un po' di parte... Cuneo è la mia terra...

L'ultimo consiglio sulla cucina che mi sento di darti, anche se ho decantato quella della mia provincia, è di scegliere sempre una **cucina tradizionale del posto** ovunque in Italia tu decida di sposarti.

Abbiamo la fortuna di avere la cucina migliore al mondo... quasi come quella di Cuneo e delle Langhe!

CAPITOLO V

Invitati e ospiti alla tua festa

Chi invitare e come organizzare la logistica di tutti i tuoi ospiti sono aspetti che dipendono da molteplici fattori...

Si inizia con la distanza dalla dimora storica in cui darai la tua festa: valuta la provenienza della maggior parte degli invitati. Poi passa all'importanza "gerarchica" nella parentela: Tizio è un amico o un collega? Oppure il tuo datore di lavoro? Oppure ancora un compagno della vostra squadra di calcio o di pallavolo?

Insomma, di solito ogni **categoria di ospiti** va invitata in modo differente...

Il modo più facile sarebbe dirlo ad un invitato che a sua volta fa partire un passaparola tra tutti i nomi della lista...
Ma non credo sia possibile né sicuro...

Iniziamo dal valutare se l'invitato è a conoscenza di come funziona la comunicazione Web e social.

Dico questo perché sta andando sempre più di moda **l'invito alla festa di nozze in forma digitale,** sperando che tutti gli ospiti abbiano dimestichezza con la tecnologia.
Puoi gestire l'invio di una semplice mail con il dettaglio dell'ora e del luogo della tua dimora antica, fino ad arrivare ad invitare gli ospiti mediante i portali collegati alla lista di nozze, con i dettagli di tutti i regali disponibili.
Ci sono liste che, in questo modo, addirittura "si sbloccano" e rendono visibili la data e l'indirizzo con l'orario del matrimonio solo dopo che l'interessato vi ha fatto il regalo.

Ricordo che qualche tuo ospite anziano ha sentito in diretta la prima comunicazione con onde radio di Guglielmo Marconi: tu cerca di non pretendere che lui usi *form* da compilare oppure Skype in modalità *conference*... mi sembrerebbe un po' eccessivo!

A parte i webmaster, la maggior parte degli sposi comunque opta per l'invito classico, magari in coordinato con il tema del matrimonio: le forme ed i materiali possono essere dei più svariati.

Ci sono inviti grandi, medi e piccoli; con forme rotonde, triangolari, quadrate, rettangolari, ottagonali; con gli angoli vivi o smussati; hanno la superficie liscia, granulare, vellutata, ruvida.

Per scegliere al meglio bisognerebbe avere una laurea in Scienza dei Materiali presa studiando nella Materioteca del Politecnico!

Ma se la laurea è presa sempre al Politecnico, ma in Architettura e Design, si può arrivare a fare fustellare e personalizzare il tuo invito con iniziali o loghi.

Sovente il biglietto d'invito rispecchia il tipo di festa che vuoi fare e mostra un *fil rouge* con tutto il resto del matrimonio.

Ho visto sposi con filosofie dark il cui l'invito era nero e a forma di teschio oppure appassionati di subacquea il cui biglietto aveva i tentacoli del polpo.

Senza contare tutti quelli che sono appassionati di calcio che fanno l'invito a forma di pallone, magari con il nerazzurro della squadra del cuore... e che poi si lamentano se lo zio milanista non si presenta e se quello juventino gli fa un regalo da venti euro pur avendo una famiglia di cinque invitati...

Come scritto in precedenza, gli inviti possono essere fatti in svariati materiali, come metallo, legno, plexiglass, e con carta di tutte le grammature e colori. Alcuni sono fatti anche con prodotti innovativi, tipo quelli riciclati che rendono il matrimonio più *green*.

Comunque tra tutti quelli che ho visto nella mia lunga carriera e che hanno avuto più successo, soprattutto tra gli amici, sono stati inviti fatti con la canapa indiana di buona qualità.

Finito di leggere l'invito, gli amici se lo sono fumato...

Molti altri hanno chiesto che gli venisse rimandato perché non si ricordavano più la data e tantomeno il luogo del matrimonio, e consigliavano agli sposi di fare anche i menu stampati ed il *tableau de mariage* nello stesso materiale!

E come consegnare gli inviti?

Iniziamo con l'invito che si fa ai **parenti più importanti** come potrebbero essere zia Maria e zio Pino.

In questo caso, appuntamento preso con una semplice telefonata.
Durata della conversazione con la zia: un pomeriggio intero, ha dovuto spiegarti la situazione di salute di tutti i parenti, e già che c'era anche quella dei loro vicini. S'è interrotta solo per il fatto che doveva preparare la cena allo zio Pino che già si lamentava per il ritardo.
Naturalmente la zia ha voluto l'appuntamento di persona, con i futuri sposi all'ora di pranzo.

I ragazzi si presentano alle 11.30, con addirittura un'ora di anticipo, perché erano stufi di girare in tondo per il quartiere, essendo partiti con tre ore di anticipo rispetto a quello indicato dal navigatore satellitare, per paura che qualche sciopero o blocco autostradale avesse rovinato il rapporto con zia Maria.

Dopo un pranzo con le ricette prese dall'ultimo programma di Cannavacciuolo – di cui la zia Maria è una seguace convinta, perfino iscritta al "Cannavacciuolo Fans Club" –, pranzo offerto naturalmente dagli zii, con una quantità tale di cibo sulla tavola che il loro futuro banchetto di matrimonio in confronto sembrerà una merenda leggera... dopo aver passato giornate intere al telefono solo per prendere l'appuntamento con tutti gli invitati... gli sposi erano quasi tentati di fare un contrattino con un call center di Dublino che facesse le chiamate di invito ai parenti, risparmiando loro questa immane fatica.

Ad ogni modo, si passa a dover andare a trovare personalmente gli invitati uno ad uno, inoltre tutti durante l'ora di mezzogiorno alla domenica... per cui tocca pranzare da tutti gli zii, soprattutto i più ristretti.

La conseguenza è doversi iscrivere ad un corso di Yoga rilassante pre-matrimonio, per i ritmi sostenuti ed i molteplici caffè presi, ma soprattutto quella di dover fare la dieta Dukan, per poter rientrare negli abiti da cerimonia oramai già provati e prenotati.

Poi si continua con l'invito a parenti meno ristretti, ecco sono proprio i *ristretti*, non i parenti: i caffè offerti per l'occasione dell'invito al matrimonio!

La caffeina, durante il periodo degli inviti agli ospiti, arriva ad avere percentuali talmente elevate nel sangue che, ringraziando, per sposarsi non è necessario avere risultati dell'esame antidoping negativi!
Ma soprattutto l'innalzamento del "nervosismo", già alle stelle per tutti gli altri preparativi e le altre decisioni da prendere, fa quasi saltare il matrimonio ancora prima del suo inizio!

Capite che 11 caffè con una vetta di 19 giornalieri presi solamente nell'orario di punta, che va dalle 19 alle 23 circa, sono veramente un'enormità!

Così in quel periodo gli sposini, già tesi, senza chiudere occhio per colpa del livello della caffeina, hanno pupille talmente dilatate da sembrare due cocainomani!
Pensa che zia Maria aveva già contattato Don Ciotti per salvarli dalla probabile dipendenza.

Ok, torno serio: credimi, sembrerà che tutti siano solo lì per romperti le scatole e renderti nervosa... prova a smettere con i caffè e vedrai che sembrerà che tutti si comportino meglio.

Poi finalmente dopo i parenti si passa **all'invito agli amici**.

Quindi si cambia metodo: da pranzi, cene e caffè a solo più le bevande alcoliche a casa degli interessati! E allora giù di birre, *mojito e spritz*.

Peccato che al terzo amico che andavano a fare visita avevano già speso in multe della Polizia Stradale l'equivalente in denaro di tutte le buste fatte dagli invitati al loro matrimonio.
Inoltre i punti della patente erano già scesi a -18: bastava oramai solo più un chinotto per ritirargli la patente.

Ricorda sempre di controllare se c'è qualche partita di calcio importante in programma su Sky, soprattutto se di sabato sera, prima di invitarti a casa dell'amico.

Il rischio è che lui e il tuo futuro marito si inchiodino davanti al sofà con una bella Heineken ghiacciata e non vi considerino fino alla fine della partita, se non per chiedere un vostro parere sul fatto che se fosse rigore oppure no.

Questo vale anche e soprattutto per la data che sceglierai per il matrimonio: controlla bene che quel giorno non ci siano i Mondiali di calcio... o almeno che non si giochi la finalissima Italia vs Germania.

Un metodo molto usato dalle coppie per salvaguardare la propria salute e la preziosissima patente è quello di spedire l'invito a casa dell'ospite, naturalmente con una telefonata preparatoria in cui spiegano che da lì a breve sarebbe arrivato nella loro buca da lettere l'invito stesso.

Siccome non è necessario, non mandare l'invito con un corriere espresso – DHL o UPS che sia –, soprattutto per non spaventare gli zii più anziani che vedendo le scritte sulla fiancata del furgone credono sia il pronto intervento!

Si opta allora per le Poste Italiane!
Famose nel mondo per organizzazione e puntualità...

Quindi se mandi una lettera con le PI avente la ricevuta di ritorno, considera che c'è un altissimo rischio che zia Maria non ritiri la lettera/invito, credendo sia un modo nascosto per prenderle dei soldi.

Rimane quindi la spedizione con posta ordinaria.

Ho sentito di sposi che avevano usato questo metodo mandando 220 inviti.
Ebbene, per ben 42 la consegna è stata sbagliata proprio dalle famose Poste... e i festeggiati si sono trovati al matrimonio persone che non avevano mai visto né sentito.

Tra gli invitati è arrivata così una famiglia del campo Rom, che tra l'altro si è proposta di raccogliere le buste con i soldi dei parenti, e una coppia di anziani di Helsinki, in Finlandia, ben felici di essere stati invitai e poter assaggiare la nostra cucina mediterranea.

Ma potrebbe andare anche peggio, in quell'occasione almeno gli invitati c'erano...

È successo ad una coppia di futuri sposi che ha spedito tutto tramite posta ordinaria, ben 6 mesi prima della data del loro matrimonio, che per qualche motivo tutto il pacchetto contenente gli inviti si era smarrito nel nulla.

Ben 13 anni dopo le Poste Italiane hanno trovato il pacchetto sotto il sedile della furgonetta del postino e hanno comunque deciso di spedire tutto ai destinatari nonostante il tempo trascorso!

Ebbene, pur essendo oramai passati esattamente 13 anni, tutti i parenti si sono comunque presentati dalla coppia di sposi... solo che questi stavano festeggiando la prima comunione del primogenito!

Poi come già accennato un po' in precedenza, ci sono sposi che lavorano nel mondo di Internet.

Alcuni sfruttano il loro mestiere per farsi il *Wedsite* e mandare *post* con Facebook, farsi *taggare* oppure *condividere* e mettere un *like*...

Zia Maria per "decifrare" l'invito arrivato via Web s'è dovuta iscrivere all'ITIS e ha dovuto frequentare tutto il quinquennio in sei mesi: avendo la terza Media non poteva iscriversi direttamente all'università...

Uno sposo molto intrippato di tecnologia, webmaster di professione, ha fatto: il gruppo su Facebook, il gruppo su WhatsApp, il gruppo su Instagram, il gruppo su Pinterest ed il gruppo delle Giovani marmotte.

Insomma, tutti gli invitati erano stati inseriti in una mezza dozzina di gruppi su Internet, con la conseguenza che è stato messo Gianpaolo, il fratello dello sposo, a fare da moderatore a tutti i gruppi per dividere i vari argomenti ma soprattutto per controllare i *post* e i messaggi lasciati dagli ospiti al fine di non rovinare il rapporto tra le parentele degli sposi ancora prima del matrimonio.

Siccome i messaggi, i *post*, i *tweet* erano moltissimi è stata scelta zia Maria per fare il riassunto via Skype tutte le sere alle 20.30 in punto: la conferenza era tenuta con iPhone e stecca per selfie nuovi di pacca, comprati appositamente. Sembrava il TG5, solo che invece di dare le notizie della giornata, zia Maria spiegava tutti i messaggi che erano girati tra ospiti e parenti, dal mattino fino a quel momento.

A differenza, poi, delle conduttrici dei TG che sono anche una bella visione, con zia Maria in video era preferibile ascoltare solo l'audio.

Infine, come scritto in precedenza, anche la pagina personalizzata sul *Wedsite* della coppia può andare bene, e molti la utilizzano sempre di più, magari come promozione per chi si iscriveva al sito stesso, con naturalmente tanto di elenco di regali scelti dagli sposi.

Ho visto sposi di professione webmaster offrire agli ospiti uno sconto del 20% se avessero avuto intenzione di fare un sito personalizzato naturalmente tramite la loro *Web Agency*.

Ebbene come hai letto, naturalmente in modo un po' sarcastico, ci sono molti modi per invitare gli ospiti: dalla spedizione via posta all'incontro di persona, fino ad arrivare all'invito via Web.

Certamente i nuovi metodi dei *Wedsite* o pagine Facebook create appositamente per l'evento sono molto utili, soprattutto perché danno tutte le informazioni necessarie oltre a varie curiosità sulla vita e gli hobby degli sposi.

Inoltre gli sposi possono avere sotto controllo, tramite un *form* apposito compilato dall'ospite, la lista di tutti gli invitati che hanno confermato la loro partecipazione o hanno già fatto il regalo di nozze... e soprattutto quale regalo hanno fatto.

Ciò facilita di gran lunga il compito nel momento della conferma del numero di invitati alla location o al catering che sia, che di solito viene effettuato due settimane prima della data fatidica.

Purtroppo questi metodi innovativi non sono ancora usufruibili da tutti, soprattutto da parte dei più anziani.

Devi conoscere bene i tuoi invitati e capire se sono "adatti" a tale tecnologia; sicuramente tra qualche anno questa sarà una soluzione molto interessante per il mondo del wedding.

Ho conosciuto coppie che hanno usato il loro *Wedsite* e si sono trovate molto bene, ma erano tutti matrimoni con pochi invitati, e soprattutto gli sposi ed i loro ospiti erano provenienti da grandi città, persone già abituate ad aver a che fare con tecnologie innovative.

Ho anche conosciuto coppie di sposi che hanno detto che è stato un "buco nell'acqua": avendo dovuto comunque fare il doppio lavoro. Hanno gestito due modi diversi di invitare gli ospiti creando confusione al momento della conferma alla location o al catering.
Anche gestire l'eventuale lista di nozze nei due modi può creare molta confusione tra i regali off-line e quelli on-line.

Il mio consiglio è: se adotti questo sistema accertati solo che i tuoi ospiti siano in grado di usufruire di questa tecnologia, in caso positivo è una gran soluzione ma nel caso contrario è meglio usare i metodi di invito più tradizionali.

La soluzione più sicura, e forse anche più "umana", è quella di andare a consegnare l'invito a casa dell'ospite, soprattutto degli ospiti più *vicini*.

Ricordati di andare negli orari dei pasti solo se siete sicuri della bontà della cucina dell'invitato...

Sicuramente i weekend e le festività sono quelli più facilmente destinati agli appuntamenti con i parenti, ma anche quelli serali vanno bene, soprattutto se si tratta di amici: tutti comunque prendono il loro tempo.

Per cui cerca di organizzarti in modo da toglierti questo "dente" il più in fretta possibile per non andare incontro a "patologie" indeside-rate, e se l'appuntamento che hai preso è in orario da caffè oppure da alcolici passa almeno per quel periodo ai decaffeinati oppure a bibite analcoliche.

Se invece l'invitato abita molto lontano e non c'è la possibilità di consegnargli l'invito in breve tempo, neanche durante le vacanze estive o invernali, prendi la scusa di andare a trovarlo per consegnargli l'invito e potrete approfittare della sua ospitalità, soprattutto se lui abita in riva al mare oppure in un bel posto di villeggiatura.

In questo caso ho sentito di coppie di sposi che si sono letteral-mente *spossati*... e non sposati... per il fatto di passare in giro moltissimi weekend e sere per invitare tutti gli ospiti... soprattutto se gli invitati erano davvero numerosi.

Sono giorni che togli alla già impegnativa organizzazione di tutto il resto e soprattutto che alzano il livello di stress pre-matrimonio, che al contrario deve sempre essere tenuto ai minimi termini.

Ricorda: la visita a casa dell'ospite oppure la telefonata personale valgono mille volte di più dell'invito cartaceo.

Anche in questo caso ho saputo di coppie che hanno mandato l'in-vito senza telefonare né prima né dopo la spedizione... così, a causa di qualche problema o svista, l'invitato non è venuto a conoscenza dell'evento sino al momento della richiesta del numero effettivo degli ospiti da parte del catering. Ma oramai era troppo tardi per ritentare l'invito!

Il consiglio è: se lo mandi via posta, la soluzione migliore è decisa-mente la raccomandata con ricevuta di ritorno, costa di più ma fai più bella figura e soprattutto eviti di fare brutte figure.

Per quanto riguarda il materiale oppure l'estetica dell'invito, cerco di astenermi.
Tutto quello che riguarda l'estetica – e soprattutto le filosofie di pensiero – ritengo sia molto soggettivo e totalmente a discrezione dei

festeggiati.

Ciò che piace a te magari non piace ad un altro.

Ma soprattutto a zia Maria!
Ma **se non piace a zia Maria**, come già scritto in precedenza, **non ce ne frega niente!**

Ricordati sempre che il matrimonio è TUO!

Gli ospiti, inoltre, non devono solo riuscire ad arrivare alla dimora storica che hai scelto, ma devono naturalmente anche tornare a casa e possibilmente sani e salvi!

Anche per il ritorno a casa degli ospiti, ho visto adottare una miriade di soluzioni.

Diciamo che molto dipende dalla distanza della propria abitazione dalla location del matrimonio, ma soprattutto dalla bontà del vino scelto per il banchetto... e se lo sposo ha avuto la bella idea di regalare l'*open bar* per tutti gli invitati, sono dolori!

In teoria quelli che dovrebbero avere meno problemi tra tutti gli invitati sono il papà e mamma degli sposi: non possono bere perché hanno tutti i loro parenti da gestire e con i quali devono intrattenere pubbliche relazioni.
Tra l'altro con qualche ospite anche il giorno seguente.

Per i genitori è importante essere lucidi fino alla fine per fare strada agli ospiti nel ritorno a casa, soprattutto agli invitati non del posto.

Questo sempre in teoria!

In pratica invece ho visto delle mamme talmente prese a ballare tipo cubista il tango sul tavolo dell'*open bar*, che qualche parente della parte opposta ha poi fatto i complimenti per l'organizzazione del matrimonio, ma soprattutto per aver avuto l'idea di prendere una sexy ballerina per ravvivare la festa!

Ho visto dei papà bere così tanto per la felicità del matrimonio della figlia che la cravatta era oramai sulla fronte stile *Pirati dei Caraibi*.

Ho poi saputo che la vera felicità veniva dal fatto che sua figlia, vegana, se ne andava di casa, così lui finalmente poteva riprendere a mangiare le bisteccone con l'osso che oramai dall'età dell'adolescenza della figlia non assaporava più!

Chi guida ora la macchina con i genitori degli sposi e la carovana dei parenti al seguito con il fiocco lilla?

Naturalmente il cuginetto Pierpaolo!

Sono state trovate carovane di ospiti ad un matrimonio che si erano sposati in Piemonte addirittura nel parcheggio di Gardaland alle 5 del mattino seguente.

Tra i metodi più semplici per il ritorno a casa in sicurezza c'è il **metodo ZM** (Zia Maria).

Semplicemente lei designa un conducente sobrio cui affidarsi: zio Pino. Il guidatore, appunto, non beve (se non un bicchiere di prosecco all'aperitivo appena arrivato alla location, che con tutto quello che mangia dopo il suo tasso alcolico sicuramente rimarrà nella norma), mentre lei, la zia, naturalmente ha il permesso di bere *no limits* e arriva a farsi fare cocktail a fine serata perfino con Fernet e Red Bull!

Gli ospiti più "sfigati" sono quelli che abitano ad una media distanza: cioè non sono così vicini da poter andare a casa ed arrivare ad un orario decente e non sono così lontani da pernottare fuori una notte.

In questo caso **le soluzioni sono solamente due.**

La prima. Iniziano a salutare tutti gli invitati dal secondo antipasto per riuscire a finire con l'arrivo del risotto; salutano anche gli sposi, ricevono le bomboniere di rito, naturalmente per passare a baciare tutti i parenti contando circa 5 minuti per ognuno con punte di 15 per i genitori degli sposi e zia Maria.

Tutto questo per arrivare a casa intorno alle 4 di notte fermandosi in autogrill solamente per il rifornimento dell'auto, la pipì e per mangiare almeno un Camogli per i crampi allo stomaco dalla fame che avevano (avendo dovuto saltare, per il saluto ai parenti, quasi tutto il meraviglioso banchetto di nozze e avendo assaggiato solo un aperitivo ed un antipasto in tutta la giornata).

La seconda soluzione invece è di rimanere fino alla fine della festa mettendo sul conto di dover viaggiare quasi tutta la notte.

Allora in questo caso vedi ospiti che cambiano la tipologia di bevande con l'avanzare del banchetto, ma non per un perfetto abbinamento con il cibo bensì con il pensiero del lungo viaggio di ritorno: ecco la preoccupazione di un beduino che sta per intraprendere la traversata del Sahara!

Passano dal prosecco dell'aperitivo a giusto un bicchiere di vino bianco ad inizio del banchetto... poi solo più acqua e Red Bull da litro, arrivando ad ingurgitare fino a sei litri della disgustosa bevanda energetica.

Ho saputo di ospiti che hanno girovagato per tre giorni e tre notti per l'intera Italia con lui "preso bene", prima che l'effetto di taurina e caffeina cessasse!

Ti avevo detto che c'erano due soluzioni: ma ce n'è anche **una terza**, la più sicura di tutte. **L'autobus!** Soprattutto per gli amici.

All'andata sembrano una comitiva che sta per andare a visitare l'Isola Bella sul Lago Maggiore, invece al ritorno sembrano una comitiva di Alpini di ritorno dalla festa annuale di Bassano del Grappa.

Sovente quando si sceglie il servizio di autobus viene dato un orario all'autista, tipo le 2.

Come sempre si parte minimo alle 4 perché il fratello Paolo mancava all'appello ed è poi stato trovato in un cespuglio del parco del castello alle 3.50.

I dieci minuti successivi sono serviti per rimetterlo in sesto.

Il ritorno degli ospiti è un fattore di cui tenere conto, di certo spero non siano costretti a farsela a piedi per non rischiare di essere arrestati per guida in stato di ebbrezza!

Da questo lato un italiano non è proprio come un nordico.

Quelli sono Paesi in cui si decide a priori chi guida, e colui che guida non assaggia una sola goccia di bevanda alcolica, soprattutto per il rispetto e la sicurezza di chi è in macchina con lui ma anche di gente cui potrebbe fare male lungo la strada.

Ma noi, come dicevo, non siamo nordici...

Per cui si conta molto sul buon senso di ognuno, e prendere questa decisione prima dell'inizio della festa, sicuramente sarà indice di buon senso.

Certamente la soluzione dell'autobus viene sempre più utilizzata: di solito se ne organizza uno che parte dalla chiesa, dove ogni amico in qualche modo arriva anche senza la propria automobile.

Per il ritorno si può concordare con l'agenzia di trasporto almeno un 4/5 fermate diverse per fare in modo di avvicinare il più possibile l'invitato che ha lasciato la macchina a casa.

La soluzione dell'autobus fa in modo che l'ospite possa bere e divertirsi finché vuole senza doversi preoccupare della guida e di essere pericoloso per qualcuno.

E tu che hai pagato l'*open bar* a consumazioni illimitate hai la soddisfazione di vedere tutti gli amici allegri alla tua festa, ed il giorno dopo ancora tutti con la patente nel portafoglio.

L'ultimo consiglio che mi sento di darti è: se l'ospite ha più di due ore da fare come tragitto per tornare a casa, e soprattutto se il matrimonio è serale, fa' sì che prenda un pernottamento in un hotel nelle vicinanze della location.

Cosicché il mattino seguente, con calma e solamente dopo aver smaltito tutte le tossine dannose all'equilibrio, possa tornarsene al paese.

Nota bene che non ho scritto: **a "quel" paese!**

CAPITOLO VI

Organizzazione dello staff

L'organizzazione è un argomento fondamentale su cui ho basato praticamente tutta la mia lunga carriera.

Ho organizzato in collaborazione con il mio staff ben oltre 8000 eventi, come i metri delle vette più alte dell'Himalaya, dei quali ben oltre 2500 erano eventi matrimoniali.

Sicuramente più di Enzo Miccio e di tutti quelli che in televisione spiegano come si gestisce e si risolleva un ristorante!

Organizzare un evento importante come un matrimonio è una responsabilità enorme, ti metti nelle mie mani per il tuo giorno più importante!

Non posso assolutamente sbagliare **la tua unica possibilità di festa**. E come dicevo: **non c'è una seconda volta per rimediare!**

Inoltre dopo un anno che collaboriamo insieme per fare in modo che tutta la tua festa sia come la volevi, si instaura un rapporto professionale ma con un clima che sovente diventa amichevole, soprattutto per darti serenità e metterti a tuo agio.

Tu sei già agitatissima, lo so, sia per l'emozione di sposarti sia soprattutto per la preoccupazione che la festa sia un successo e che possa piacere a tutti gli invitati.

Cosa ti vengo a raccontare se va tutto storto o se anche solo *qualcosa* non funziona?

Tutte le volte che parlo in prima persona, scrivendo "io", intendo **anche i miei collaboratori**, che sono sempre stati **le fondamenta di tutti i successi ottenuti in questi anni.**

A loro devo moltissimo, non sarei mai arrivato dove sono oggi senza il loro preziosissimo contributo. Perfino il mio idolo, Isaac Newton, soleva dire qualcosa come:

«Se ho visto più lontano, è perché stavo sulle spalle a dei giganti!».

Il confronto tra differenze organizzative presso una dimora storica o una moderna l'abbiamo già affrontato nel capitolo *Cucina interna o catering?*

In questa parte troverete il motivo per cui ho consigliato una location antica che abbia la cucina interna oppure una struttura che suggerisce agli sposi pochissimi catering di cui si fida ciecamente, che hanno perfetta conoscenza della logistica della location essendo stati chiamati sovente dalla location manager della struttura stessa per organizzare eventi proprio lì.

In questi due casi, infatti, la continua collaborazione tra le due aziende può solo ridurre le probabilità di non sbagliare.

E come scritto in precedenza, la dimora antica con cucina interna della stessa azienda è quella che ha tutte le motivazioni per far sì che la tua festa sia praticamente perfetta. Questione di brand, come ti spiegavo.

Di solito un'azienda ha una gestione piramidale.
C'è un proprietario, che può essere una persona fisica, una famiglia oppure una società.
Poi via dicendo si scende nell'organigramma e trovi il *maître*, cioè il direttore di sala, e lo chef, che è il direttore della cucina; e poi via ancora con aiutocuochi, camerieri, lavapiatti fino ad arrivare ai parcheggiatori, questo di solito se parliamo di **catering** oppure di **ristorante**.

Mentre di norma **la piramide della location è più corta** perché ha bisogno di meno personale.
Di solito chi segue la dimora antica è il proprietario stesso della struttura, oppure è sufficiente un location manager che a sua volta ha come sottoposti un giardiniere ed una persona per la manutenzione della struttura stessa.

Voglio ora spiegarti in modo semplice come funziona di solito l'organizzazione del servizio in sala, quello della cucina e quello dei professionisti che ti seguiranno in tutto quello che non è *food*.

Inizierò dal tuo primo contatto con un'azienda "del matrimonio": l'incontro per decidere la dimora storica in cui effettuare anche il banchetto di nozze.

In questo caso hai a che fare con il commerciale dell'azienda: di solito in entità piccole è il titolare stesso a gestire la vendita agli sposi, mentre in quelle più grandi puoi anche trovarti davanti il direttore della location, che di solito *non* è il proprietario della struttura ma un suo collaboratore.

Logicamente il titolare e/o il direttore della struttura antica sono responsabili di tutti quei lavori che il manutentore non fa per mancanza di conoscenza specifica.
Tipo l'assistenza alle apparecchiature professionali oppure a quelle elettroniche.
Per i lavori di impianti elettrici o idraulici importanti si fa riferimento a ditte esterne qualificate.
Il manutentore ripara solo le cose semplici, non fa impianti professionali.

Come hai capito, nella gestione di una location antica non si hanno molti dipendenti ma ci sono dei **costi di gestione fissi altissimi**.

Se hai un'idea di matrimonio sicuramente ti sarai informata su quanto costa comprare oppure affittare un alloggio, e poi prendersi la briga di ristrutturarlo.
Pensa solo a quanto ti costa ristrutturare un monolocale di pochi metri quadri magari in centro città.

Puoi allora immaginare quanto può costare mettere a posto, ristrutturare e soprattutto adeguare alle esigenze attuali, ed infine mantenere, una dimora antica di svariate centinaia di metri quadri, con magari un migliaio di anni di storia alle spalle.
Inoltre ti faccio notare una cosa: noi gestori non possiamo trascurare le regole ferree imposte dall'Intendenza architettonica delle Belle

Arti e dobbiamo adattare metodi costruttivi antichi alle esigenze attuali.

Una vera impresa da eroi!

Ecco il motivo dei costi elevati per affittare una location antica il giorno del tuo matrimonio.

Però sicuramente per la magia che riescono a trasmette le dimore antiche rispetto a quelle moderne ne vale senz'altro la pena!

Passiamo **all'organizzazione del servizio in sala dei camerieri**, come succede nei **ristoranti**.

Naturalmente la **brigata di sala**, si chiama così (e non è un gruppo militare!), dipende molto dalla grandezza del banchetto ma soprattutto dal livello del ristorante o del catering che effettua il servizio.

Nei ristoranti più piccoli oppure in banchetti con pochi invitati naturalmente ci sono pochi camerieri, quindi è **in teoria** più semplice gestire il personale e gli ospiti.

Sovente non c'è un vero responsabile di sala ma si fa affidamento – sia da parte dei camerieri (per chiedere delucidazioni sul servizio che devono offrire) sia da parte degli sposi o degli invitati – sempre sulla stessa persona. Di solito il più anziano ed esperto della comitiva.

In pratica però non sempre in un'organizzazione piccola il servizio è più semplice. Di contrasto, in realtà più grandi esiste personale addetto a risolvere i vari problemi (agli sposi, agli ospiti): esiste un vero caposala.

Per strutture antiche ma rette da concezioni più moderne non devi confondere il fatto che la struttura sia "vecchia" con il fatto che possa anche esserlo l'organizzazione.
Sovente è proprio la situazione opposta, soprattutto in dimore come i castelli di età medievale, molto difficili da gestire.

Per cui se la stessa attività di location o ristorazione dura da molti anni sicuramente significa che i suoi gestori hanno modi imprenditoriali validi, con cui affrontano il mercato del matrimonio.

Questo mercato, essendo in continua evoluzione, obbliga le migliori aziende a cambiare per rimanere al passo con i tempi mentre tutte le altre purtroppo chiudono!

Diciamo che sovente è semplicemente **selezione naturale**!

Ti spiegavo che nelle strutture con concezioni più moderne la differenza delle mansioni è anche visiva: individuabile tramite la divisa o l'abito.

Ad esempio, nella mia azienda, io che sono il titolare mi vesto un po' come mi pare.

O meglio, naturalmente sempre in modo consono al luogo in cui mi trovo: non fraintendermi, non perché sono in un castello medievale mi metto l'armatura oppure l'abito di re Artù... diciamo che mi vesto soprattutto adattandomi al mio cliente.

Non come fanno certi musicisti che accanto a zia Maria sembrano rockstar appena scese da un palco! Ho visto fotografi vestiti come se dovessero partire per fare un reportage di guerra in Afghanistan e non per un romantico servizio matrimoniale in una dimora antica.

Tutto il mio personale, sia di sala sia di cucina, ha una divisa professionale la quale ricorda al dipendente il compito a lui assegnato e la sua scala gerarchica all'interno dell'organizzazione.

È brutto a dirsi, ma in una qualsiasi azienda che vuole crescere e rimanere sul mercato, come su una barca a vela in mezzo al mare, **non c'è assolutamente democrazia**, altrimenti le idee non sarebbero chiare per nessuno.

Arrivassero regole e ordini dal primo approdato in azienda sarebbe il caos in brevissimo tempo, nessuno saprebbe più a chi dare retta!

Questo è per il bene di tutti, dal personale stesso fino ai clienti, e naturalmente a voi sposi.

Dicevo, io e mi vesto un po' come mi pare... sempre con la mia immancabile *pochette* rossa.

Mia moglie – che segue tutti i servizi *non food* ed è la consulente delle prestazioni che chiamiamo *luxury* – è naturalmente sempre elegante e curata. Segue la sua indole e il suo ruolo, la parte *fashion* del matrimonio.

Il mio **direttore**, anche lui è sempre elegante in giacca e cravatta. Non sarà l'abito a fare il monaco, ma è logico che il direttore di una location come un castello antico e prestigioso abbia l'abito e la cravatta, come è logico che in una pizzeria il direttore abbia una maglietta delle maniche corte con scritto: *Io sto con i celiaci.*

Sotto la supervisione del direttore si trova il **caposala del banchetto** che nel mio caso ha una giacca a corpetto nera con il marchio della mia azienda. Solitamente è tra i camerieri più anziani ed esperti: e quindi più *affidabili.*
Ad esso fanno riferimento per le mansioni di ordinaria amministrazione sia gli sposi che i loro genitori o comunque chi gestisce l'organizzazione della festa da parte dei festeggiati.

A sua volta, sotto la supervisione del caposala, si trovano i **camerieri di sala** che, per distinguersi dal capo, invece della giacca nera indossano una divisa bordeaux, colore sociale della mia azienda, e naturalmente con il brand in bella vista sul petto.

Perché il **brand è anche uno dei motivi perché gli sposi scelgono il mio castello**.

Trovo giusto dare una divisa a tutto il personale che è di contorno al tuo matrimonio.
Partendo dal **parcheggiatore** con la scritta *Parcheggio* – oppure una più fine con il brand della location, se questa è prestigiosa –, magari di colore arancio fluo per distinguersi dalla folla.
Soprattutto è necessario fare in modo che i tuoi ospiti capiscano che quel tizio che si sbraccia non è uno fuori di melone, bensì colui che faciliterà il parcheggio a tutti loro.

Questo discorso vale anche per le **donne delle pulizie** che durante l'evento tengono in ordine i locali e puliscono i corridoi o soprattutto i bagni.
È importante che una persona invitata alla tua festa possa subito individuare un operatore che sta lavorando per il suo agio.

Inoltre trovo che le divise di tutto il personale facciano intuire il grado di organizzazione e professionalità dell'azienda stessa.

Anche **la cucina ed il suo staff** hanno le loro divise apposite: sovente ne hanno più di una.

Diciamo che la prima divisa professionale serve per il lavoro vero e proprio in cucina, ma dato il tipo di mestiere è molto facile macchiarsi di salse varie.

In questo caso se lo **chef** deve anche presenziare in sala davanti a tutti gli ospiti, magari per il taglio in sala del cosciotto di maiale flambé, per evitare brutte figure con le probabili macchie e per non portare i profumi "intensi" sotto i nasi dei commensali, si porta una divisa appositamente per quello scopo.

Di solito è una sorta di alta uniforme, perché nella sua cucina lo chef è il generale!

Infine volevo parlare del **personale del catering**, quelli che arrivano esternamente alla struttura.

Quei ragazzi che fanno veramente di tutto per l'organizzazione della tua festa.

Prendiamo ad esempio Mario.

Inizia con lo scaricare dai mezzi di trasporto tutte le attrezzature del matrimonio precedente, dividendo nel magazzino, una volta arrivati in sede, i vari materiali utilizzati per le nozze del giorno prima.

In seguito Mario passa al lavaggio delle attrezzature da cucina; poi passa al lavaggio di tutti i piatti, posate e bicchieri usati; poi naturalmente deve asciugare tutto quanto!

Ora Mario deve di nuovo caricare gli automezzi di trasporto prendendo solamente l'attrezzatura per il matrimonio del giorno dopo.

Per cui Mario deve di nuovo caricare pentole, padelle e mestoli per la cucina; piatti, posate e bicchieri per il servizio in sala; e come se non bastasse deve anche caricarsi tavoli, sedie e tovaglie per 200 invitati alla festa del tuo matrimonio.

Adesso mi fermo qui perché 'sto povero Mario l'ho già messo al tappeto!

Dopo tutto questo lavoro, svolto egregiamente dal povero Mario, una volta arrivati sul luogo della dimora antica, si deve allestire il banchetto di nozze...

Ma Mario ha dimenticato in sede i vassoi!

Era solo un piccolo aneddoto per farti capire che i collaboratori sono degli esseri umani: non puoi chiedere loro più del dovuto e non puoi pretendere da loro che sia tutto perfetto e senza errori.

Al contrario io posso anche pretenderlo se i dipendenti sono attrezzati, formati e specializzati ognuno nel proprio compito, tutti con un solo e unico obiettivo: quello di renderti quel giorno...

...la persona più felice del mondo!

Essendo un capitolo un po' più corto degli altri ed essendo un capitolo sull'esperienza e sullo staff, ho pensato bene di scrivere una mia piccola biografia.

Io ho sempre fatto parte del mio staff!

Per cui eccomi qui a scrivere questo libro alla vigilia del mio cinquantesimo compleanno!

Infatti sono nato nel gennaio del 1968 a Cuneo.

Attualmente, nel momento in cui sono chino su queste pagine, sono titolare di una grande struttura ricettiva in provincia di Cuneo.

Una location in un castello medievale del 1300.
Sono il titolare di quest'azienda dal 1997.
L'ho ristrutturata in due anni di intensi lavori e l'ho inaugurata io personalmente con l'aiuto iniziale della mia splendida famiglia: papà, mamma e sorellina.

Ho organizzato nella mia lunga carriera ogni tipo di evento, dagli eventi da discoteca (che ho gestito per cinque anni nelle scuderie del castello, facendolo diventare il locale più trendy della zona) per passare a battesimi, comunioni, cresime, compleanni, lauree, addii al celibato, anniversari di matrimonio, richieste di fidanzamento, ed ultimamente anche feste del divorzio...

Mi sono dato a convention e meeting da oltre mille partecipanti e naturalmente a matrimoni di tutti i tipi, colori, nazionalità e religioni, passando per quelli civili tra persone dello stesso sesso.

Insomma, con calcolatrice alla mano, come già ti ho raccontato, ho avuto il piacere e l'onore di organizzare oltre 8000 eventi, di cui oltre 2500 erano matrimoni in dimore storiche.

Questo l'avevo già scritto all'inizio del libro ma mi piace sempre "sfighettare" la mia esperienza.

Mi sono impegnato a mettere sempre i festeggiati ed i loro ospiti in primo piano, cercando di anticipare le richieste e le necessità dei "miei" ragazzi.

Siamo stati i primi in Piemonte a mettere i tavoli tondi per il banchetto di nozze! All'epoca qui si facevano ancora i banchetti con tavolate lunghissime, come quelle di Asterix e Obelix.

I primi a mettere le sedie vestite comprese nel menu: e tutto questo ben 15 anni fa!

Siamo stati tra i primi ad avere uno *showroom* dedicato all'interno della location, per tutti i servizi che girano intorno alla festa del matrimonio, tramite la nostra responsabile dei servizi interni: la magnifica Loredana... mia moglie!

In pratica avevamo inventato la **wedding planner** prima dell'entrata sul mercato della figura e della parola stessa.

I primissimi in Italia a fare i matrimoni civili con valore legale in collaborazione con l'Ente Comunale, sia all'interno nella struttura antica sia all'esterno, nel parco del castello in stile americano.

I primi in Italia con le unioni civili dello stesso sesso!

I primi a cambiare il metodo di comunicazione delle location del **wedding**.

E naturalmente il primo a scrivere un libro sui problemi dei matrimoni nelle dimore storiche.

E molte altri grandi e piccoli dettagli, che sono poi questi a fare la differenza tra un matrimonio come tutti gli altri oppure...

il TUO matrimonio!

Credo a distanza di anni di aver avuto ragione.
Lo dicono i numeri e le recensioni dei miei clienti.
Sono diventato il leader di categoria nella mia regione, il bellissimo Piemonte, già da molti anni!
E con il lavoro duro spero di rimanerlo per molti altri ancora!
Ho sempre puntato sulla fortuna di vivere in una delle province italiane in cui si mangia e beve meglio, con più docg d'Italia, e dove la cultura dell'enogastronomia e dei suoi abbinamenti arriva fino allo stato dell'arte: ma tutto questo non basta.

Ho soprattutto puntato sul cercare di carpire i cambiamenti imposti dal tempo e dalle necessità in continua evoluzione.

Non è mai solo la location, o solo la cucina, o solo l'organizzazione o solo il feeling a fare la differenza: è sempre l'insieme di tutti questi fattori a creare emozioni.
Quelle emozioni che saranno indelebili nel tempo più ancora che nelle fotografie.

Oramai arrivati a questo punto, se hai il coraggio di finire la lettura di questo libro, capirai che è un mix di scelte che prenderai a priori ciò che ti farà vivere il tuo giorno perfetto proprio come lo volevi.
E io sono qui per fare in modo che questo percorso sia per te il più **sereno** e **appagante** possibile.

CAPITOLO VII

Il banchetto di nozze

Partiamo con il fatto che il gusto in fatto di cibo è molto soggettivo.

Personalmente, ho sempre sostenuto che una Ferrari non può che piacere esteticamente, ma ciò non toglie che possa piacerti anche la Multipla.

Ma veniamo a noi.

Le tipologie di menu possono essere di svariati tipi:

- Tradizionale del territorio;
- Nazionale;
- Internazionale,
- Fusion;
- Mediterraneo;
- Contemporaneo;
- Vegetariano;
- Fino ad arrivare alla cucina tipica cosacca.

Quale tipo di menu scegliere per il tuo banchetto di nozze?

Naturalmente quello che piace a te, magari tu vuoi i piatti tradizionali del territorio, sei tu che ti sposi e tu che paghi per decidere.

O forse è meglio scegliere i gusti di zia Maria che lo vuole *Fusion* perché "fa figo", così da poter raccontare il giorno dopo dal panettiere le cose strane che ha messo la nipote preferita nel suo menu di matrimonio?

Sovente gli sposi sono messi in confusione dalla stessa famiglia.

Mi è capitato di fare la prova del menu (compresa nel contratto con il catering) per il giorno del banchetto... e i futuri sposi avevano invitato praticamente il 60% dei parenti che sarebbero stati presenti anche alle nozze!

Qualcuno dei parenti ha poi addirittura rinunciato a venire al banchetto di matrimonio vero e proprio, sostenendo che non aveva intenzione di mangiare due volte le stesse cose...

Poi arrivano i piatti da scegliere.

Si usa il metodo più democratico possibile per alzata di mano, con qualche personalizzazione, tipo il voto di zia Maria che vale triplo.
In pratica si è fatto un menu che piace soprattutto alla zia!

In due occasioni, comunque, quella della scelta del sorbetto e quello del secondo di carne, il primo voto per alzata di mano è andato pari... così si è dovuti passare al ballottaggio. Anche in questo caso zia Maria l'ha spuntata alla grande avendo il vantaggio del voto che vale triplo.
Comunque molti della famiglia, ancora oggi, si chiedono chi sia stato a mettere questa regola.

Poi ci sono i menu da comporre tipo Risiko!

Ecco la classica dichiarazione degli sposi al titolare del catering: «Nella nostra famiglia mangiamo di tutto!».

«Però nel menu non possiamo mettere carne perché la sposa è vegetariana, niente glutine perché lo sposo è celiaco, no latticini perché la mia migliore amica nonché testimone ne è intollerante, il nichel farebbe diventare paonazzo zio Pino e la frutta con guscio fa venire il mal di pancia con conseguenze serie a zia Maria.»
A questo punto l'unica cosa che potete mettere a volontà nel menu di nozze sono proprio i frutti con guscio, per fare andare immediatamente in bagno zia Maria.

Quindi lo chef ha dovuto inventarsi lo sformato di noci californiane come antipasto, il risotto alle nocciole di Piemonte come primo, le noci brasiliane alla griglia come secondo, la torta di mandorle siciliane come dolce e per finire una bella macedonia con frutta secca.

Dopo il banchetto zia Maria non si è più vista per un paio di settimane.

Una cosa diventata sempre più importante nei banchetti di nozze è

l'aperitivo di benvenuto.

Gli ospiti arrivano alla festa così affamati e stanchi che sembrano aver attraversato l'arco alpino cibandosi solamente di radici e bacche per giorni.

Il manager del catering ti racconterà che bisogna considerare l'aperitivo come la copertina di un libro o la locandina di un film: insomma, è la prima impressione quella che conta.

Ho sentito di sposi che volevano allestire un bell'aperitivo di benvenuto per fare un figurone "da paura" e poi far servire dai camerieri, ai tavoli in sala, solamente il caffè e il digestivo.
Immaginate che sorpresa per zio Pino che aveva ascoltato le parole di zia Maria: «Non strafogarti tutto all'aperitivo altrimenti non mangi più a pranzo!».

Insomma il concetto di questi sposi è una bella copertina, poi se il libro fa schifo pazienza.

Sarà anche il caso di questo libro?!

Be' dai, probabilmente, essendoci la mia figura in copertina, dubito che tu stia leggendo questo libro per tale motivo.
Già il fatto che tu sia arrivata al settimo capitolo per me è un grande successo.

Ora proseguiamo perché siamo solo all'aperitivo.

I metodi per fare un aperitivo di benvenuto sono molteplici: si parte dalle semplici patatine Amica Chips, quelle di Rocco vanno sempre bene!
Come bevande si accompagna l'aperitivo della casa con cocktail sia alcolico che analcolico; non ho mai capito cosa ci mettessero i catering dentro queste bevande di colore giallo e rosso che sembrano contenere ingredienti segreti come quelli della Coca-Cola.
La differenza però è che qui, in questi casi, gli ingredienti sono segreti perché nemmeno colui che ha fatto i cocktail (durante la settimana lavora come carrozziere) è a conoscenza del loro reale contenuto!

Tanto lo sciroppo rosso e quello giallo distinguono le due tipologie: alcolico e analcolico!

Ci sono poi gli aperitivi di benvenuto che sono un po' più ricchi, quelli che oltre alle patatine hanno anche la mezza forma di grana, canapè vari, focaccine e pizzette, olive, mozzarelline. Insomma, tutte quelle cose che trovi in un qualsiasi bar di città all'ora dell'aperitivo.

Lo *step* superiore all'aperitivo di benvenuto è quello che molti chiamano con nomi altisonanti tipo *Gran Royal*.
Cioè quello che include anche i *finger food* ed i frittini caldi: tipo olive all'ascolana, verdure in pastella, arancini, anelli di cipolle (che molti ospiti prendono per calamari fritti facendo una smorfia di disgusto quando si accorgono che è cipolla) e via dicendo.

Ma quello che mi diverte di più sono le mozzarelline fritte: belle croccanti fuori e piene di liquido bianco del formaggio fresco all'interno.

Non aspetto altro che zia Maria addenti la mozzarellina e... 250 cl. di liquido biancastro colano sul suo prosperoso seno vestito di seta rossa; mentre gli altri 250 cl. schizzano a lato nell'orecchio di zio Pino, che era a suo fianco come sempre, intento a mangiare disgustato l'anello di cipolla... anche lui credeva fosse un calamaro! Il liquido ha così mandato in cortocircuito il suo Amplifon!

Povero zio Pino? No, no: la cosa positiva era che non sentiva più zia Maria!

Infine quello più suggestivo, d'impatto, alla moda e costoso, è senz'altro il **grande aperitivo a isole**!
Questo non vuole dire che un tavolo ha specialità di Pantelleria, un altro dell'Elba, l'altro ancora della Sardegna e l'ultimo quelle della Gallinara.

Ti spiego. Si divide di solito l'aperitivo in zone su tavoli imbanditi appositamente. Questi sono divisi per specialità: uno con i salumi, che qualcuno chiama *del contadino* o *del macellaio*; quello dei formaggi, che viene chiamato *del casaro* o *del pastore* (qualcuno lo definisce anche il tavolo *della vacca*... ma zia Maria l'ha fatto togliere!).

C'è quello *del pescatore* o *mediterraneo* con addetto del pronto soccorso per quelli che si feriscono con i ricci di mare. Ma le coppie più evolute ed internazionali mettono a quel tavolo anche il *sushi man* con tanto di banda bianca sulla fronte e pallino rosso centrale, con la Katana pronta per fare *Harakiri* nel caso una spina andasse a piantarsi nella gola di un ospite.

Ma tutto questo non basta per fare un aperitivo ad isole che si rispetti, e che tutti gli ospiti possano immortalare attraverso le loro pagine Facebook ed Instagram.

È necessario fare delle cotture espresse sul momento, tipo i frittini: ma non come nell'esempio precedente, che arrivavano dalla cucina; in questo caso sono fritti a vista degli ospiti.

Mi ricordo di una signora tipo zia Maria con i capelli neri e i riccioli, fatti con la piega dalla pettinatrice alle 5.30 di quella stessa mattina perché era l'unico momento disponibile.

Ebbene, mentre prendeva i frittini il vento è cambiato. Risultato? La signora si è allontanata dalla postazione con i capelli lunghi, lisci e biondi invece che neri e ricci come quando era arrivata.

Poi ci sono postazioni per fare alla griglia:
- le salamelle;
- gli arrosticini;
- le ali di pollo;
- i crostacei;
- la polenta con salsiccia.

Insomma si crea un misto di esterno di San Siro prima del derby ed una sagra di paese valdostana con fumo che sale al cielo come un villaggio vichingo.

Poi si entra finalmente in sala.

Fare il menu dopo la loro prova agli sposi è la mia specialità. Lo faccio praticamente da sempre.

Considera innanzitutto che ogni location, catering oppure ristorante che sia ha delle regole interne e adotta i propri metodi.

Di solito il ristorante o il catering comprendono nel costo totale del banchetto la prova del menu, che viene effettuata qualche mese prima del giorno del matrimonio.

Giorno in cui il ristorante o il catering fanno assaggiare agli sposi i probabili piatti che potrebbero offrire ai loro ospiti.

Mi raccomando, pretendi di **assaggiare tutti i piatti** che potresti avere al tuo banchetto di nozze.
Non ti fidare di una lunga lista di portate presentate dal manager del catering.

Un piatto che ti piace molto magari non è la specialità del catering o non è nelle corde dello chef.
Potrebbero esserci piatti a cui non avevi pensato oppure dei quali non conosci nemmeno l'esistenza, perché la cucina non è la tua professione. Questi piatti potrebbero comunque essere eccezionali e potrebbe piacerti molto averli al tuo banchetto perché lo chef del ristorante ha una dote particolare proprio per quella portata.

Il mio consiglio è comunque quello di andare a fare la prova del menu in meno persone possibile.

Non mi stancherò mai di ricordarti che **il matrimonio è TUO!**

Il tipo di cucina, e quindi il menu, lo scegli tu anche grazie al manager, la cui struttura di solito è specializzata in una determinata tipologia di cucina.

Anche qui mi sento di darti un consiglio oltre che da esperto, da amante e cultore del buon cibo italiano: scegli sempre **piatti e portate del territorio**, il più possibile **di stagione** e **a chilometro zero**.

I prodotti del territorio mangiati sul posto sono sempre i migliori sia per una questione di profumi e sapori, che sono del luogo, sia per una questione etica: per un mondo più sostenibile.
Con tutti i prodotti eccezionali, locali e di tradizione che abbiamo

in tutta l'Italia è inutile prendere prodotti di regioni lontanissime oppure stranieri per essere trendy... o peggio ancora cibi dei nostri fighi cugini francesi!

Perfino l'acqua in bottiglia viaggia senza senso lungo le autostrade della nostra penisola; abbi pazienza, non ha senso che i trentini bevano le acque naturali cuneesi ed i cuneesi quelli del Trentino. Se ognuno bevesse la propria acqua ci sarebbero meno trasporti di tir e qualche tonnellata di CO_2 in meno nell'atmosfera.

Passiamo alla gioia degli chef: gli **allergici** e gli **intolleranti** al menu del banchetto di nozze.

In questo caso devo spezzare una lancia a favore degli addetti alla cucina.

Rispetto a qualche anno fa, intolleranti ed allergici si sono moltiplicati; statistiche dicono che il 60% (cioè ben più della metà!) di chi comunica al ristorante di essere celiaco in realtà ha semplicemente e arbitrariamente deciso che le farine fanno male... allora fa prima a dire al ristoratore di essere allergico al glutine.

Purtroppo in Italia c'è ancora poca educazione per chi ha problemi alimentari, e parlo sia dalla parte dell'azienda di ristorazione sia da quella del cliente-consumatore.

L'ospite con problemi alimentari ha tutti i diritti di farsi anche lui un bel banchetto di nozze come tutti gli altri ospiti, ma deve ricordarsi di comunicartelo al momento dell'invito al matrimonio.

Sempre più spesso gli ospiti se ne fregano pretendendo che il ristorante o il catering abbia gli alimenti in casa di cui lui non è allergico: inoltre devono essere cucinati sul momento ed espressi.

Perciò ricordati che il ristorante o il catering ti deve assolutamente dare **la possibilità di fare mangiare tutto il menu anche agli allergici** sostituendo i piatti che essi non possono mangiare.

Naturalmente sempre sapendolo a priori.

Ma se gli allergici sono i due sposi? Oppure anche solo uno dei due?

Bene, allora tutto il banchetto per una volta si adeguerà al menu dei festeggiati!

E questo vale soprattutto per la torta nuziale: tutti gli ospiti mangiano la torta degli sposi, qualsiasi sia la loro allergia, ci deve pensare il ristorante o il catering ad adeguarsi.

Ora voglio anche consigliarti **il servizio che devi avere per il tuo banchetto**. Qui mi sono fatto un po' aiutare dal mio direttore di sala – o *maître*, come si dice correttamente –, che fa questo mestiere da oltre 25 anni!

Iniziamo dal tipo di servizio che si può avere al banchetto di nozze. Sostanzialmente ne esistono **due tipi**:

- quello impiattato;
- quello a vassoio.

Iniziamo con il **servizio impiattato**.

Cioè, la portata scelta arriva direttamente dalla cucina ed il cameriere porta solamente il piatto al commensale, che finito il cibo attende che gli venga sostituito con la portata seguente.

In questo caso è di solito l'estro artistico dello chef a dettare le leggi e a decidere come comporre la sua "opera d'arte".

Ho visto servire dei piatti talmente complicati che zio Pino ha subito creduto che fosse un altro addobbo per il tavolo; quando gli hanno detto che era un antipasto non si è comunque fidato della sua commestibilità.

Zia Maria invece l'aveva capito ma le dispiaceva rovinare quel piatto: la verità era che non sapeva da dove iniziare.

Ho visto ospiti che chiedevano il bis... ma gli veniva portato il ripasso solamente se pagavano di tasca propria; in qualche altro caso è capitato che quando hanno capito che il pranzo era concluso, telefonavano alla pizzeria più vicina e si facevano portare le pizze da asporto direttamente al parcheggio della location!

Si sceglie l'impiattato di solito per l'estetica, che naturalmente anche nella cucina vuole la sua parte! Così certi chef fanno piatti talmente complicati che non si sa cosa si mangia... ma soprattutto da che parte si inizia a farlo.

Per di più, per riuscire ad impiattare 180 carpacci di tonno rosso del Mediterraneo con pepe rosa, aneto ed emulsione allo zenzero, e subito dopo una finissima di Fassone piemontese con scaglie di Castelmagno dop e filata di miele d'acacia ci vuole un piano continuo in acciaio alimentare 18/10 di 200 metri lineari!
Inoltre per allestire il piatto in cucina con questo metodo è necessaria una catena di montaggio stile Henry Ford!

Anche se con la formazione specifica di tutti i cuochi, gli aiutocuochi e gli aiuto degli aiutocuochi la situazione non cambia. Sovente i piatti partono in un modo (all'inizio della catena di montaggio) e finiscono in tutt'altro prima del servizio in sala. In questo caso, ringraziando il cielo, c'erano il tonno ed il vitello: sicuramente gli ultimi hanno mangiato vitello tonnato.

Non parliamo poi della temperatura di servizio dell'alimento nel metodo impiattato: tra il primo degli invitati e l'ultimo può esserci un'escursione termica come quella degli altopiani africani.
Per riuscire a far mangiare il risotto all'ultimo degli invitati con una temperatura decente, il primo degli invitati aveva il risotto alla temperatura della lava vulcanica di Stromboli (con ricovero d'urgenza per ustioni di terzo grado su palato e lingua, alla Fantozzi) mentre dal quinto al quindicesimo invitato se la sono cavata proseguendo sì con le portate, ma sostituendo le salse con la pomata Lasonil!

Parliamo invece del **servizio con il vassoio dal cameriere** detto anche *alla francese*.

Di solito si usa questo metodo quando si vuole dare la possibilità agli ospiti di avere il bis, il tris e per qualche zio esigente il poker della portata!
Diciamo che qui la provenienza degli sposi, ma soprattutto quella dei parenti, fa molta differenza.
L'ospite di Milano non ha le stesse esigenze ed usanze dell'ospite di

Bari.

In quantità di cibo, quello che mangia il milanese durante tutto il banchetto sovente equivale alla parte fredda dell'aperitivo di benvenuto del pugliese.

O meglio, quello che riesce a mangiare un solo invitato di Bari nel giorno del banchetto corrisponde all'incirca al fabbisogno di tutta la scala del condominio di Milano per due settimane!

Ho visto dei parenti pugliesi a cui non era stato specificato quante volte era il ripasso, prenderne sette volte consecutive! Perché era un piatto della tradizione piemontese che non avevano mai assaggiato!

Alcuni chiedevano inoltre al cameriere se fosse avanzato ancora qualcosa dal vassoio, così da avere un *doggybag* da portare agli amici rimasti al paese.

Meno usato, ma che sta prendendo piede, è il **servizio a centrotavola**.

Cioè il cameriere mette la portata in mezzo al tavolo, di solito rotondo, e tutti i commensali si servono da soli.

In questo caso ad ogni tavolo esce fuori il leader, il maschio alfa, tranne al tavolo di zia Maria che in quel caso è naturalmente lei a comandare.

Comunque, come tutti i lupi, il leader della tavola mangia per primo, prendendosi sempre i pezzi migliori, e ai restanti vanno solo gli avanzi; i più deboli come il piccolo Giampaolo hanno mangiato solo le ossa, la pelle e qualche crosta di pane.

C'è poi il metodo **a buffet**, dove le portate vengono disposte su tavolate di solito rettangolari, e gli ospiti si alzano dal loro tavolo e si servono da soli.

I camerieri solitamente vengono "utilizzati" solo per togliere i piatti sporchi.

Ebbene, in questo caso inizia una migrazione stile gnu africani dal tavolo assegnato alla postazione del buffet e viceversa. E come gli gnu, gli ospiti trovano insidie pericolose lungo il percorso... ma al posto di felini e coccodrilli il pericolo per gli ospiti, soprattutto per i più anziani, è rappresentato dai bambini che scorrazzano fra i tavoli!

Più di una volta ho visto bambini atterrare anziani da dietro che avrebbero meritato sicuramente l'espulsione diretta dalla festa!

Senza contare le volte in cui sul pavimento ci sono palloncini, stelle filanti e coriandoli misto riso; se poi ci aggiungi un po' di sapone delle bolle rovesciate dalla cuginetta, il pavimento diventa più scivoloso dell'impianto olimpico di bob del Sestriere in cui zia Maria si è cimentata in una doppia rotazione con *axel* e *loop* tipo campionessa olimpica. Tra l'altro senza cadere!

Torno di nuovo un attimo al menu perché da quello dipende anche il servizio che si intende svolgere. Ecco le variabili:

- il menù è tradizionale?
- e se è innovativo?
- e qual è numero di invitati?
- quale la media d'età dei tuoi ospiti?
- qual è la caratteristica principe della cucina del ristorante?
- oppure quella del catering?

Personalmente mi piace quando la cucina tradizionale sposa metodi innovativi.

Un po' come la cover di un cantante famoso quando è personalizzata da quello di turno e non si cerca per forza di imitare l'autore: il segreto è metterci un qualcosa di proprio.

A mio parere se il **menu è tradizionale** è meglio il **servizio alla francese**. L'ospite ha la possibilità del ripasso oltre che un rapporto più stretto con il cameriere che lo segue: «Me ne dà ancora un mezzo cucchiaio, per cortesia?».

Se invece il **menu è innovativo** è meglio il **servizio impiattato**. In questo caso più che la quantità si cerca la particolarità dei piatti.

Sempre a mio personalissimo parere, quello con il **servizio a centrotavola** è adatto per chi vuole fare un **matrimonio davvero informale** come in un agriturismo o in una casa di campagna, dove non si vuole badare alla forma ma ad uno stile un po' *hippy* o *green*.

Poi ce n'è sempre uno tra i più richiesti, soprattutto se parliamo di un proseguimento del pranzo: il servizio **a buffet**.

In questo caso è molto importante il numero degli invitati, perché quando gli invitati sono pochi e magari per la maggioranza giovani, tutto fila liscio. Se invece siete in tanti e magari tra gli invitati ci sono anche *molti* anziani, io escluderei categoricamente il servizio a buffet.

Con questo metodo e tanti invitati si creano file e caos davanti ai tavoli di servizio, nonostante l'impegno del catering e del suo personale, e soprattutto tra gli anziani si crea disagio nell'alzarsi a prendere le portate.

Comunque se decidi per il servizio a buffet, fai almeno in modo che non sia proprio come un self service ma che almeno il coperto completo e le bevande siano sul tavolo. In questa maniera, l'ospite deve prendersi solo il piatto scelto al buffet.

Qualsiasi sia il metodo che tu scegli...
BUON BANCHETTO DI NOZZE!

E dopo il banchetto?

Non si fa il party alla fine della festa di matrimonio.

Quando si hanno al massimo due amici invitati e zio Pino, che bevono alcolici – mentre tutti gli altri devono avere almeno 92 anni, oppure sono astemi per scelta –, si può anche quasi soprassedere sull'argomento.

In tutti gli altri casi è meglio predisporre una qualche bevanda che sia più alcolica di un Crodino.

In tutti questi anni ho visto molti modi di festeggiare la fine della festa di matrimonio.

I più sobri mettono il buffet di dolci, ultimamente anche questo servizio va di moda con il *finger food* o *monoporzione* che si dica: ci sono vari bicchierini, cucchiaini e scodelline, che sembra che abbiano preparato un tavolo imbandito per Arthur e i Minimei.

Sono di tutti i colori: giallo, verde, blu, rosso, ciano e magenta – in realtà questi ultimi due non ho mai capito fino in fondo che colori fossero!

E infine non si sa bene se il buffet di dolci è sponsorizzato dal gruppo arcobaleno per incentivare le unioni civili oppure se è semplicemente nato da un consiglio della migliore amica della sposa per dare un po' di colore alla festa.

Non è solo questa la questione: succede che sovente il catering non mette il cartellino che indica cosa si sta mangiando nel buffet.

Una volta ho visto zio Pino ingurgitare avidamente un bicchierino che aveva il contenuto di un bel rosso fragola... invece era un esperimento dello chef per l'autunno/inverno dell'anno successivo, con sangue di bue (color rosso fragola, appunto), crema di acciughe e noce moscata con grattatina di scorzetta di limone.

Da quel giorno lo zio Pino chiede il nome del bicchierino, gli ingredienti, la quantità di ognuno di essi e sovente se li fa tradurre in quattro lingue diverse. Per essere sempre sicuro di cosa mangia.

Ma il peggio deve ancora venire.

Siccome il buffet di dolci arriva alla fine della cena ed il vino piemontese era stato molto gradito soprattutto dagli amici, per cui l'85% era molto su di giri, appena viene dato il via al buffet di dolci, sembra di assistere ad un attacco all'arma bianca stile Prima guerra mondiale, solo che invece di uscire dalle trincee, gli ospiti sbucano da sotto i tavoli.

Lasciando comunque la stessa distruzione e desolazione come dopo una battaglia.

Il 78% dei dolci monoporzione è andato distrutto senza essere stato mangiato!

Un po' più moderna e coinvolgente è la **fontana di cioccolato**.

Le ultime fontane sono di produzione americana e come tutte le cose *made in USA* sono in acciaio inox aeronautico, testato come scudo protettivo sulla navicella spaziale *Endeavour* proprio per l'usura che avrà al contatto con la cioccolata calda.

Perfino la valigia che la contiene è in alluminio antibalistico.

La differenza con le fontane di cioccolato cinesi è che quelle dell'estremo Oriente riescono a malapena a funzionare giusto il tempo per far scattare la foto iniziale agli sposi nell'atto di pucciare nel cioccolato una fragola.

Tutto questo perché l'acciaio è lo stesso dei nostri colapasta anni '80, dopo due volte che colavi le penne per l'arrabbiata dovevi fare l'antitetanica per non incorrere in patologie non desiderate. Ma soprattutto riconosci quelle cinesi perché vedi entrare lo chef, ed invece della valigia in allumino antibalistico tiene in mano una borsa della spesa di plastica della E.Leclerc, perché la valigia non era inclusa nel pacchetto.

Naturalmente la fontana di cioccolato è una sorpresa degli sposi, per cui non è scritto sul menu che ci sarebbe stata.

Entrerà lo chef dopo il servizio del caffè con la valigia in alluminio antibalistico e comincerà a montare la fontana come fosse un lego avanzato per età minima di 18 anni (volevo scrivere Meccano ma poi la maggior parte dei giovani che mi legge non avrebbe capito).

Ecco che le zie incominciano ad ipotizzare le cose più strane, c'è chi dice che da questa struttura a punta, in acciaio aeronautico, usciranno i fuochi d'artificio, chi i coriandoli e chi i confetti di Sulmona magari al gusto di melone e menta.

Invece niente di tutto ciò!

All'ora fatidica con tutti i parenti e gli amici intorno alla fontana muniti di smartphone, qualcuno anche in diretta video su Facebook, ecco la sposa che pigia il bottone Off...

... e non succede niente!

Scusate, preme il tasto On, ed ecco che magicamente al posto dell'acqua esce della buonissima cioccolata belga fondente.

Iniziano gli sposi a pucciare la fragola per le foto di rito, con la sposa che immancabilmente lascia cadere qualche goccia di cioccolato scuro grande come un chicco d'uva sul decolté bianco latte, nelle restanti foto del matrimonio sembrava avere tante medaglie quanto un generale russo!

Poi si dà finalmente il via libera agli invitati scalpitanti.
In quel momento vedi zia Maria che naturalmente essendo la femmina alfa ha la precedenza su tutti; ma in questi rarissimi casi, tra la bontà del cioccolato ed i fumi dell'alcol le gerarchie saltano e zia Maria

viene letteralmente "pestata" dalla folla.

Vedi parenti che fanno entrate ad uncino come al Super Bowl pur di riuscire ad essere in prima fila ed assicurarsi la postazione migliore, ma i più ganzi sono stati il cuginetto Gianpaolo e il suo fratellino che avevano saputo della fontana di cioccolato, promettendo la segretezza totale come fosse la ricetta della Nutella; si sono svestiti; messi il costume da bagno; sono saliti in punta alla fontana in acciaio inox aereonautico *made in USA* e con un salto carpiato all'indietro si sono tuffati nel cioccolato fondente belga, sbattendosene di zia Maria e delle fragole...

Ma secondo il mio parere, quello che interessa più di tutto ai tuoi amici a fine serata, forse più che a voi due, sono gli **alcolici**, anzi i **superalcolici**!

Però qui vorrei un attimo fare un appunto sui **contratti** che gli sposi fanno con il catering o il ristorante di turno, ce ne sono di **diversi tipi**.

Il metodo a consumo: cioè il gestore segna ogni consumazione. Il metodo con i tagliandini prepagati dagli sposi: da consegnare al bar. Poi c'è l'*open bar*: deciso a priori e *no limits*...

Il metodo a consumo.
In questo caso (il gestore del catering o del ristorante segna ogni consumazione), o hai la fortuna di trovare gestori onesti tipo papa Francesco o Nelson Mandela, oppure quando andrai a pagare il conto e farai la divisione ti accorgerai che hanno bevuto in media 16 consumazioni a testa, di cui la maggior parte pestati tipo *mojito* e *caipiroska*.
Il fatto che oltre la metà era astemia oppure minorenne porta la media a 32 consumazioni per invitato in età da alcol.
Quasi da *Guinness dei primati*!
Che è di appena una in più, con 33 bevande alcoliche in tre ore. Il detentore è un boscaiolo altoatesino che dopo il record è stato ricoverato nel centro di disintossicazione da mojito e derivati.

Poi c'è il metodo con i tagliandini... di solito personalizzati e con carta in filigrana per l'antifalsificazione.
Ne viene dato un numero strettamente limitato agli ospiti, tipo due a testa. Certamente nel brevissimo i primi invitati finiscono i loro

tagliandini, allora inizia un progetto tra gli amici più "caldi" su come falsificarli in segreto, ma essendo in filigrana tutto si complica e soprattutto si allungano notevolmente i tempi.

Normalmente si opta per il baratto.

Pensa che zia Maria ha barattato le sue due consumazioni alcoliche più le due sequestrate al riluttante zio Pino, che naturalmente doveva guidare, per una borsa di Louis Vuitton.

Comunque alla fine tutti i tagliandi in carta filigranata personalizzata finiscono.

Al bar non resta che chiudere, con la protesta degli amici che fanno un sit-in ad oltranza organizzato dal SADS: Sindacato Amici Degli Sposi.

Passiamo all'ultimo tipo di dopofesta.
L'*open bar* vero e proprio.

Quello con il bar in plexiglass trasparente retroilluminato a led e con una gran gnocca (forse quel giorno meglio di no...) che serve cocktail internazionali, nazionali e locali.

In questo caso quando tutte le bevande sono *free* e a volontà per tutti gli invitati è necessario avere anche organizzato il ritorno a casa, di questo ne ho già parlato in precedenza.

Quando tutte le bevande sono somministrabili a volontà è necessaria molta attenzione!

Ho visto ospiti che non sapevano chi erano né dove erano, e l'amico altrettanto ubriaco rispondere che erano stati rapiti dagli alieni! «Be', mica male questo pianeta!» è stata la risposta...

Ho visto amici degli sposi che presi dalla foga hanno mostrato le chiappe stile *Full Monty* a tutti gli zii, l'unica che non si è scandalizzata e che anzi ha chiesto il bis è stata zia Maria.

Ma la cosa che mi ha colpito di più è quella volta che zia Maria e zio Pino si sono lasciati andare con i cocktail alcolici, non essendoci i biglietti personalizzati filigranati con cui fare il baratto con qualche borsa di Chanel. Ebbene, al ritorno ha dovuto guidare il Maggiolino del '56 il nipotino Gianpaolo di soli 11 anni, prendendo ben tre autovelox per ritornare a casa!

Nelle foto della polizia si vede il nipotino al volante e i due zii sul sedile posteriore che dormono con la bocca spalancata. Velocità rilevata al momento della foto, 185 chilometri all'ora. Record assoluto per un Maggiolino del '56.

Ma non tutto quello "che si fa" alla fine della festa lo si mangia o lo si beve: ci sono anche i fuochi d'artificio...

Una volta è venuto su dalla Campania zio Salvatore, con il baule della sua Alfa Sud piena di esplosivo, c'erano i Raudi, i Magum, la bomba di Maradona, la testa di Lavezzi, Triktrak e bombe a mano.

Per ultima, alla fine della festa, zio Salvatore ha fatto esplodere la sua bomba "speciale" fatta in casa, per la quale ha usato anche il plastico C4 ed un po' di nitroglicerina.

Ebbene, l'esplosione è stata talmente forte che il Pentagono americano ha mobilitato due tra le sue maggiori portaerei stanziate nel Mediterraneo!

Ma essendo l'esplosione stata registrata in Piemonte, le portaerei USA hanno dovuto risalire il Po.

Ora si usano molto anche i palloncini a led per sostituire i costosi fuochi d'artificio. Anche perché l'ultima volta che hanno usato le lanterne cinesi, per intenderci quelle con il fuoco vivo all'interno, è andato a fuoco un intero villaggio di contadini che avevano appena riempito i fienili di erba bella secca: il villaggio distava ben 86 chilometri dalla location.

Comunque, ti chiederai adesso, **quando è necessario mettere l'*open bar* a disposizione degli ospiti?**

Praticamente sempre!

Questa è la risposta soprattutto se è di un amico.

Concludere in bellezza la tua festa di matrimonio è un po' come il lieto fine di un film, quello **della TUA splendida giornata.**

Il menu classico lo si considera finito di solito al caffè, anzi al digestivo.

Da quel momento in poi tutto è nelle vostre mani e di quello che avete scelto per concludere con il "botto".

A proposito di "botto", molti sposi scelgono i fuochi d'artificio magari in concomitanza con il taglio della torta.

Ricordati che la location non può fornire il permesso di sparare i fuochi d'artificio ma è il Comune in cui essi vengono effettuati a rilasciare i permessi, il quale a sua volta deve avere il benestare della Prefettura.

Non è una pratica così semplice ma se la location è convenzionata ed ha già i permessi tutto è più semplice, e di solito ci pensa la ditta dei fuochi d'artificio a fare la richiesta dei documenti necessari.

Le ultime tendenze sono i fuochi d'artificio che vanno a tempo di musica.

Puoi scegliere due brani che ti piacciono di più: uno può essere la vostra canzone di coppia, l'altro magari fallo un po' strappacuore per fare emozionare tutti i presenti!

In questo caso il consiglio è di non fare le foto in contemporanea ai fuochi musicali ma di godervi lo spettacolo pirotecnico tutto per voi.

Credo che capiti **una sola volta nella vita** di avere dei fuochi d'artificio solo per te!

Quello dei palloncini a led non è un vero e proprio metodo sostitutivo dei fuochi d'artificio ma un modo diverso per illuminare il cielo notturno.

Solitamente se ne dà uno per ospite mentre gli sposi magari hanno un bel mazzo di palloncini in mano; poi al conto alla rovescia tutti insieme lasciano in contemporanea... ognuno esprimendo un desiderio augurale ai nuovi sposini.

Effetto garantito!

Poi appunto, come scritto in modo sarcastico in precedenza, ci sono i dolci, come appunto può accadere con il buffet dedicato. Ultimamente quando viene allestito, si usa il metodo *finger food*: offrire, cioè, le monoporzioni con contenitori di tutte le forme e colori.

Anche in questo caso è importante che non si guardi solo all'estetica ma che i dolci siano realmente buoni: e ricordati di far mettere i cartellini davanti ad ogni dolcetto!

Ricordati anche della nuovissima fontana di cioccolato. Di solito viene accesa dopo i digestivi e spenta solamente alla fine della festa (a differenza del buffet di dolci che di solito dura il tempo che gli ospiti si strafoghino un po').

La fontana dà il modo agli ospiti di pucciare un pezzo di frutta, poi di andare a ballare e di ritornare a pucciare un biscotto di meliga... e via dicendo... e se non hanno più voglia della cioccolata possono passare direttamente a tutto il ben di Dio che di solito i catering allestiscono come contorno.

La fontana ha il pregio di coinvolgere molto gli invitati.

Ora ritorniamo un secondo ancora alle **bevande**... e parliamo bene di **soldi**!

Ci sono molti modi, come ti spiegavo all'inizio del capitolo, per organizzare il tuo *open bar*. Lo sai bene che con gli alcolici e con gli amici che ti ritrovi il costo potrebbe superare quello dell'intero menu.

Il mio ulteriore consiglio è quello di **scegliere** in base alla festa che hai intenzione di fare, al tipo di invitato che hai (cioè se prevalentemente anziano oppure giovane e bevitore) e **soprattutto al vostro budget**.

Non mi stancherò mai di dirtelo: **devi sempre sapere a priori cosa andrai a spendere!**

CAPITOLO VIII

Il rito del matrimonio

Diciamo che sono più ferrato in matrimoni con rito civile, soprattutto in quelli con valore legale.

Il primo motivo è intuibile: non sono un sacerdote, non ho ricevuto la "chiamata"! Il secondo: ho avuto il piacere di organizzarne diverse centinaia!

Sono infatti il titolare di una delle primissime location storiche a livello nazionale in cui è stata instaurata una collaborazione con il Municipio per rendere queste cerimonie, appunto, di valore legale.

Però vorrei iniziare con il matrimonio avente **rito religioso**...

Essendo appunto un location manager d'esperienza, ne ho viste veramente di tutti i colori.

Mi è successo di coppie di sposi che avevano prenotato il pranzo del loro matrimonio nella mia location con l'arrivo previsto verso le 13.30 per l'aperitivo di benvenuto, tra l'altro con l'assicurazione totale della sposa solamente il giorno prima!

Il matrimonio nella sua parrocchia era previsto per le ore 11, bene. Inizio reale della cerimonia con arrivo della sposa in chiesa: ore 11.48... ossia oltre tre quarti d'ora dopo l'inizio stabilito della messa. Insomma, una sposa molto puntuale. Pensare che la sua abitazione era a soli 100 metri in linea d'aria dalla piazza della chiesa.

La sposa ci ha messo più tempo a salire e scendere dal sedile posteriore del Maggiolino del '56 rispetto a quanto avrebbe fatto se avesse dovuto compiere il tragitto a piedi, prendendosi anche un aperitivo e dando baci a tutti gli abitanti del vicinato.

Finalmente **inizia la messa**... ed inizia il rito del matrimonio!

Durata totale del rito religioso: un'ora e mezza!

Perché zia Maria è voluta salire sul pulpito a tenere un monologo dal titolo molto profondo: *La strada da perseguire per un matrimonio lungo e felice.*

In una delle foto di rito in chiesa si vedeva zio Pino con gli occhi al cielo.

Secondo molti parenti che hanno poi visto l'album non stava pregando ma imprecando.

Si erano oramai già fatte le 13.32: orario promesso al location manager, in cui tutti gli ospiti sarebbero stati nella dimora storica per l'aperitivo di benvenuto.

Invece mancava ancora almeno una mezz'ora abbondante per le classiche foto di rito davanti alla chiesa con i parenti di lui, quelli di lei, gli amici, i cugini, la squadra di calcio, quella di pallavolo, il team di cricket, i compagni del liceo, quelli dell'asilo e via dicendo.

Alle 14.30 la lunga e rumorosa carovana degli invitati finalmente si incammina per raggiungere la location con i genitori degli sposi.

Questi fanno da capofila con il fiocco lilla, e come una colonna militare di cingolati tutti gli invitati pian piano li seguono.

Tutti gli ospiti partecipanti alla carovana hanno rigorosamente il fiocco lilla legato all'antenna dell'auto, mentre sulle vetture moderne che ne sono prive lo legano allo specchietto, impedendo la vista di chi arriva da dietro.

Naturalmente il lilla era sempre il colore dell'anno.

Ecco che all'improvviso succede l'inconveniente...

Partiti dalla chiesa e già solamente alla quarta rotonda, si incrociano due colonne di cingolati matrimoniali differenti, provenienti da direzioni diverse; entrambe le carovane naturalmente esibiscono il colore dell'anno: il temutissimo fiocco lilla.

In un attimo è il caos... con fiocchi lilla che prendevano tutte le uscite della rotonda!

Ci sono zii e parenti che hanno fatto la busta-regalo agli sposi sbagliati! Chiedendosi al brindisi di fine banchetto: «Ma Piero, lo sposo... io me lo ricordavo alto e biondo, non piccolo e riccioluto».

Ma facciamo un passo indietro. Durante il viaggio avventuroso *gli sposi che fine hanno fatto*?

Praticamente sequestrati dai fotografi!

I fotografi hanno deciso che si va alla Reggia di Venaria Reale per fare la foto ricordo sulla maestosa scalinata.

Ma prima ci sono le foto sotto il porticato, davanti alle statue, sulle sponde del laghetto, dentro il laghetto, nel parco, sopra la panca (non sotto la panca perché c'era la capra che crepava... dalle risate... a vedere le gesta dei poveri sposi che obbedivano agli ordini dei professionisti della foto!).

Insomma quando gli esausti sposi arrivano finalmente alla mega scalinata, esattamente un'ora e trentatré minuti dopo essere arrivati alla Reggia di Venaria, per l'ultima sequenza di foto in programma in quella magnifica location, lo sposo è talmente felice che fa uno scatto per arrivare in cima (stile Rocky Balboa in allenamento prima dell'incontro per il titolo), gridando a squarcia gola: «Lisaaa, ti amooo!».

La differenza è che Rocky era all'alba, in tenuta ginnica, molto allenato in vista dell'incontro per il titolo dei pesi massimi; mentre lo sposo correva in estate, alle prime ore del pomeriggio, con un completo di Pignatelli in raso a tenuta termica e papillon stretto al collo.

Fatta l'ultima foto, lo sposo era talmente sudato che sembrava aver fatto un bagno turco... e si era pure stirato il legamento crociato nello scatto sulla scalinata!

Lisa lo aveva avvertito (visto che non era allenato come Rocky Balboa) di risparmiare le energie per la festa... ma soprattutto per la notte...

È giunta l'ora di partire, finalmente, per la location del banchetto!

Dalla Reggia di Venaria ci sono 85 chilometri circa, da percorrere ad una velocità media di 35 all'ora. Ora, ti ricordi bene l'auto scelta dagli sposi?

Erano sul sedile posteriore di un Maggiolino del 1956.

La sposa con 12 strati di veli idrorepellenti acrilici e lo sposo sempre con il suo abito ed il corpetto Pignatelli, aderente, in raso, e il famoso papillon stretto al collo.

Temperatura interna dell'auto dopo il parcheggio alla Reggia aumentata a 68 gradi centigradi: inoltre non si può assolutamente aprire il finestrino per non rovinare l'acconciatura di lei.

Più che un abitacolo era diventata una sauna finlandese! Solo che invece del profumo di abete nordico, c'era l'odore della benzina del carburatore del mitico Maggiolino, misto al sudore dello sposo dopo lo scatto alla scalinata galattica.

Finalmente si arriva alla dimora antica, dove gli sposi hanno scelto di festeggiare il loro matrimonio.

Sono ormai le 16.30!

Zia Maria non vedendogli arrivare aveva già fatto diramare una ricerca da *Chi l'ha visto?*, promettendo una ricompensa a chi avesse avuto informazioni utili per il loro ritrovamento.

Nell'attesa, i primi ospiti avevano già iniziato ad attaccare le gambe dei tavoli del buffet dell'aperitivo, dopo aver già finito il cibo, i piatti e le tovaglie.

Ecco arrivare gli sposi!

Euforici... Non tanto per aver finalmente raggiunto la sospirata location, tra l'altro con tutti i parenti incazzati per la lunga attesa al sole, quanto per le esalazioni di benzina.

Secondo i fotografi, ci sono ancora le foto da fare prima di iniziare il banchetto di nozze, perché la luce adesso è quella giusta.

In realtà, più fanno foto e più riescono a venderne; inoltre, prima finiscono di fare le foto e prima vanno a casa.

Quindi: prima le foto all'ingresso della villa sul tappeto rosso, successivamente quelle nel parco della dimora antica, poi dalla fontana zampillante al centro del parco, qualcuna dal laghetto romantico... e poi ancora con la torta nuziale.

Insomma alle 18 in punto, finalmente, ci si siede a tavola per iniziare il sospirato banchetto!

Peccato però che nella location in cui hanno prenotato la festa del loro matrimonio, l'orario arriva fino alle 18.30, dopodiché bisogna lasciare spazio ad un altro banchetto di nozze che arriva per la cena!

Arrivati a questo punto gli sposi hanno purtroppo avuto solamente il tempo per un antipasto, il sorbetto e naturalmente il brindisi finale!

Le bomboniere agli invitati sono state consegnate fuori nel parcheggio.
Ed è stato abbinato un buono per ogni famiglia per andare a cena in una pizzeria dei dintorni: il minimo, considerando la fame che hanno ancora gli sposi e tutti i loro ospiti!

Passiamo invece al **rito civile**.
Ce ne sono principalmente di **due tipi**, quello **vero** e quello **finto**.

Mi spiego meglio.
Per matrimonio, o unione civile di tipo **vero**, intendo il rito civile **con valore legale**, ossia quello al quale è presente un sindaco o uno che ne fa le veci. Quest'ultimo solitamente è un membro della giunta comunale che ospita il rito, che sia politicamente di sinistra o di destra a te non importa, soprattutto il giorno del tuo matrimonio!

L'officiante deve esibire la fascia tricolore e lo stemma del Comune ospitante. Nel momento in cui il pubblico ufficiale pronuncia la fatidica frase: «Io, sindaco del Comune di Villanova Solaro, in nome della legge italiana vi dichiaro marito e moglie», be', solamente da quel preciso istante si è uniti per sempre in matrimonio.
Anche i testimoni dovranno firmare il libro ufficiale del matrimonio comunale, dando così realmente un valore legale alla cerimonia.

Poi c'è il rito che definivo **finto**.

Si può aver firmato ogni documento necessario nel proprio Comune di residenza anche giorni, settimane o addirittura mesi prima, ed il giorno della cerimonia officiare solo il rito civile in stile hollywoodiano, durante il quale non c'è un politico ma un celebrante/attore a fare da cerimoniere (anche se le due figure ogni tanto si possono confondere).

Nel caso del rito fittizio puoi firmare e fare firmare dai testimoni qualsiasi cosa, anche *La Settimana Enigmista*. Tanto oramai sei già sposata!

Se nessuno dice niente e riesci a tenerti segreto il fatto che è un rito "finto", può tranquillamente sembrare un matrimonio autentico al 100%.

Mi raccomando, non dirlo al cuginetto né a zia Maria, sarebbe come mettere dei manifesti nella piazza centrale del paese.

Poi ci sono i **riti di molte religioni**, soprattutto quelli di matrice protestante, per i quali non è necessario alcun permesso del Comune, bensì quello del pastore... e quando gli sposi portano un gruppo gospel partecipano alla cerimonia anche i camerieri!

Quelli **cattolici/cristiani** invece hanno regole molto più ferree: ti puoi sposare solo nella tua parrocchia dove risiedi o dove risiedevi da nubile, oppure in quella del futuro consorte: con precedenza a chi aveva fatto il chierichetto da bambino!

Comunque qualsiasi sia il tipo di rito che decidi di far officiare, il meteo sarà il protagonista, quasi quanto la sposa!

Questo vale ancora di più se il rito è all'americana in un bellissimo spazio all'aperto durante la stagione dei temporali.

Lucia, la suocera della sposa, si affida all'oroscopo di Paolo Fox; mentre zio Pino consulta il suo Frate Indovino ben sei mesi prima del giorno del grande evento, sostenendo che ci sarà tempo variabile con possibilità di soleggiate e piovaschi.

Ebbene, ha poi avuto ragione lo zio Pino!

Uno dei tempi meteorologici peggiori è proprio quello "incerto": il rito sarà svolto all'interno della struttura antica o fuori nel parco?

Ecco che cominciano le consultazioni nell'assemblea dei famigliari, cui si sommano i più importanti invitati come zia Maria, zio Pino, la suocera Lucia. Ah, e Gianpaolo, il fratello!

Ognuno con un iPad aperto su un portale meteo differente, si decide di fare affidamento sul servizio meteo dell'aereonautica militare portoghese.

Gianpaolo dice che è il più affidabile perché il Portogallo è sull'Oceano Atlantico da dove arriva la maggior parte delle perturbazioni che poi scaricano violenti acquazzoni proprio sulla dimora antica scelta dagli sposi.

Di solito è un sito per il meteo molto ottimistico...

Questa volta, ringraziando non so chi, la fortuna assiste gli sposi, altrimenti già pronti a disallestire la sala del banchetto per lasciare spazio al rito civile.

Questo perché la location antica scelta per svolgere il loro rito, una dimora storica, solitamente ha come problema principale quello dello spazio interno, non adeguato per ospitare grandi eventi.

Comunque, messa via la paura per la pioggia con grandine, stile uragano, si inizia con la cerimonia all'americana, sotto il viale dei tigli nel parco.

Gli sposi hanno pensato a tutto con l'aiuto di conoscenti e parenti, all'organizzazione di tutto ciò che "circonda" il rito del matrimonio civile, proprio come fa una famiglia *self made*.

Il direttore dei lavori è la sposa, con zia Maria come supervisore.

Hanno inoltre partecipato: il famigerato Maggiolino del '56 messo a disposizione da zio Pino; al cuscino di seta con le fedi nuziali ci ha pensato zia Maria; la musica per l'atmosfera del rito è toccato gestirla a Gianpaolo; i fiori di arco e balaustre li farà Mariangela (la cugina); le bolle di sapone le consegna Guglielmino (il cuginetto); il rito della sabbia lo porta Simona (amica di lei); la bomba e i palloncini li organizzano gli Angeli volanti di Santena (squadra di pallavolo sempre di lei); le colombe bianche saranno portate da Paolo (vicino di casa).

Insomma, dopo un po' nessuno sapeva più chi doveva fare cosa, inoltre quasi nessuno dei parenti ha partecipato alla cerimonia, essendo tutti impegnati nei compiti assegnati dal duo sposa/zia Maria.

Ringraziando il cielo, c'era appunto l'onnipresente zia Maria, che capita la difficoltà nel coordinare il tutto, fece organizzare immediatamente sul posto un *summit* intorno ad un tavolo rotondo, tipo i generali quando discutono una tattica prima della battaglia decisiva.

Ha riunito tutti i collaboratori della sposa: Pino, Mariangela, Gianpaolo, Guglielmino, Simona e tutta la squadra degli Angeli volanti di Santena.

Finì che Guglielmino versò le bolle di sapone sull'iPad di Giampaolo. Dallo spavento scapparono le colombe bianche, che si sono incastrate nell'arco di tulle fatto da Mariangela, facendo così cadere le bocce di vetro per il rito della sabbia.

Come se non bastasse, zia Maria non trovava più le fedi nuziali. Naturalmente incolparono la famiglia Rom che partecipava alla festa, che aveva ricevuto l'invito per sbaglio.

A questo punto la cosa migliore, proposta dagli Angeli volanti, è stata organizzare una partita a pallavolo tra scapoli e ammogliati! Per sdrammatizzare il tutto...

Nella prima parte del capitolo, Lisa (la ragazza che si è sposata in chiesa) ha perso completamente il senso del tempo, un po' per colpa sua, un po' a causa del fotografo professionista (che comunque fa il suo lavoro!), ma soprattutto perché non è stata stabilita una scaletta (oppure, se la sposa l'aveva fatta, non è stata seguita alla lettera).

I tempi di quel giorno sono fondamentali e se non ne tieni conto, rischi di rovinare la tua unica e preziosa festa di matrimonio.

È assolutamente necessario organizzarti molto prima della data del tuo giorno di nozze, devi fare un calendario con delle scadenze precise per arrivare fino al giorno del fatidico sì (in gergo una *road map*).

Così avrai la totale sicurezza che tutto procederà per il meglio: dovrai quindi segnarti i vari appuntamenti e le varie consegne da parte dei fornitori o dei vari collaboratori professionisti, cioè di tutti coloro che parteciperanno all'organizzazione delle tue nozze.

I fornitori e i collaboratori devono assolutamente mantenere le scadenze per farti arrivare al giorno del matrimonio in totale serenità.

L'unica emozione che devi provare è quella di essere felice per il passo che stai andando a compiere.

Altrimenti... penale da pagare per tutti!

E anche per quanto riguarda la preziosa giornata del tuo matrimonio, devi fare una sorta di scaletta, come quella che si studiano i presentatori a Sanremo prima di salire sul palco dell'Ariston.

Quel giorno deve diventare uno dei più bei film della tua vita... in cui **la protagonista assoluta sei TU**.

Come già scritto, sovente la colpa non è dei futuri sposi, ma dei professionisti che pensano solamente al proprio interesse, senza invece pensare per un attimo che ci sono colleghi titolari di altre attività che stanno aspettando l'arrivo degli sposi stessi.

Ma soprattutto, qualche professionista non pensa che **la festa va vissuta e ricordata innanzitutto dal vivo** e sulla tua pelle... non sulla la loro!

QUEL GIORNO SEI TU LA FESTEGGIATA!

Quell'emozione sarà l'unica cosa che renderà veramente indelebile il tuo ricordo.

Ma più foto ti fa il fotografo e più tu paghi... e soprattutto meno tempo passi con i tuoi parenti e amici.

Può capitare che la location ed il catering, ma soprattutto i ristoranti, spingano per essere veloci. O hanno un matrimonio dopo il tuo o vogliono fare più in fretta con il tuo servizio perché prima si sbrigano e meno pagano i dipendenti: di solito retribuiti ad ore.

La soluzione sarebbe che tutti gli "attori" professionisti che partecipano alla buona riuscita della tua festa siano coordinati e mantengano i tempi!

Perché, come già scritto in precedenza, voi futuri sposi in questo campo **non** avete esperienza: ma in quel giorno puoi e devi pretendere!
Sono tutti pagati per fare bene il loro lavoro nel modo più professionale possibile, soprattutto garantendo **ciò che vuoi tu**!

Nel secondo racconto di questo capitolo ho voluto farti capire quanto è difficile coordinare tutto con il "fai da te" o con l'aiuto solamente dei famigliari.

Il rito civile di solito è meno problematico, organizzativamente parlando, rispetto a quello religioso.

Nel primo caso non è necessario fare nessun corso prematrimoniale o avere tutti i sacramenti (che vanno dal battesimo alla cresima passando per la prima comunione), ma soprattutto puoi decidere, dopo aver avuto il *nulla osta* dal tuo Comune di residenza, di sposarti in qualsiasi luogo che abbia il permesso di officiare il rito civile con valore legale.

Se invece il rito è del tipo figurativo, i problemi sono quasi nulli: resta quello della disponibilità di data e spazio da parte della location scelta.

Se hai una wedding planner personale, oppure la consulente dei servizi di una location che ti coordina tutta l'organizzazione del matrimonio, è tutto più semplice da gestire. Hai la possibilità di dedicarti ad essere serena nella sola attesa del grande giorno e di seguire solo i dettagli che ti piacciono.

Perché sarai più serena ma soprattutto più sicura che tutta la tua festa vada come tu volevi?

Innanzitutto perché hai **un solo referente** a cui avanzare le tue curiosità, le tue richieste, le tue domande... e non tutta una parentela che – tra l'atro: poverini! – magari fa questa cosa per la prima volta.
Inoltre, considera che sovente questo è un incarico che i parenti non gradiscono: ma non osano dirtelo apertamente per paura di critiche famigliari.

In questo caso basta chiedere al professionista che hai scelto come organizzatore della tua festa **tutta la scaletta della giornata**, e fare in modo che sia lui (o lei) a preoccuparsi di far rispettare le tempistiche a tutti gli operatori durante la festa: location manager, catering esterno, pettinatrice, truccatrice, fornitore delle bomboniere, fiorista, musicista, fotografo, carrozza di cavalli, fuochi d'artificio e chi più ne ha più ne metta.

Ricordati che ognuno di loro naturalmente tira acqua al proprio mulino...

Non fraintendermi, altrimenti mi faccio nemica tutta la categoria del wedding!

Anche io sono un professionista del matrimonio e non lavoro per qualche santo in particolare, ma per il benessere della mia famiglia.

Intendevo dire che se ad esempio il tuo fornitore di bomboniere ha sottoscritto una data di consegna, questa data deve almeno cadere 15 giorni prima del tuo evento: e questa data deve essere **assolutamente rispettata**!

Non come succede troppo sovente, quando invece vengono consegnate le bomboniere, dal professionista, solamente la notte prima del matrimonio.

Il giorno prima dell'evento deve essere un insieme di momenti da dedicare alla tua serenità, mentre così diventano momenti che aumentano la già alta tensione.

Il rispetto dei tempi vale per tutti i professionisti che ti offrono un servizio a pagamento.

E ciò vale non solo per il pre-evento o per il giorno del matrimonio stesso ma anche per il **post-evento**.

Dopo il tuo matrimonio, infatti, devi avere una scaletta con alcune scadenze, soprattutto per quanto riguarda la consegna dell'album fotografico da parte del tuo fotografo di fiducia.

Il consiglio è rimandare buona parte del pagamento alla consegna del servizio: di solito è un *velocizzante* incredibile.

Sovente basterebbe il buon senso del professionista per non creare problemi.

Quest'ultimo infatti – a differenza degli sposi, che nella maggior parte dei casi è la prima volta che convogliano a nozze (oppure se alla seconda si sono già dimenticati di come avevano organizzato il loro primo matrimonio, vuoi per dimenticare il rapporto andato male o vuoi perché nel frattempo anche il modo di sposarsi ed affrontare un matrimonio è cambiato) –, avendo già seguito molte nozze, conosce benissimo le tempistiche e i cambiamenti che coinvolgono l'organizzazione di questa lunga giornata.

Ad esempio, il fotografo deve tener conto del problema di portare gli sposi a fare le foto a 150 chilometri dalla location del banchetto. Ok, magari in quel luogo c'è un panorama bellissimo e le foto per l'album saranno stupende... tuttavia rimane un po' scomodo. Tutto questo pur sapendo mesi prima che la cerimonia in chiesa sarebbe iniziata tardi (mettendo in conto anche il ritardo "accademico" della sposa).

Inoltre anche sottovalutare che l'auto per la cerimonia è il Maggiolino del 1956 non è saggio: non ha certamente le stesse caratteristiche tecniche di una Maserati a quattro porte.

Capisco la professionalità del fotografo, che pensa a fare le foto migliori e più suggestive... ma bisogna considerare **tutte le tempistiche** e **gli obblighi** che tu sposa hai in quel giorno.

Il mio consiglio, dopo aver personalmente salutato alla fine della loro festa di matrimonio almeno 2500 coppie di neosposi, è quello di vivere il più possibile *la TUA giornata* **senza mille spostamenti o tempi morti**.

In questo caso scegliere una location antica per la festa del tuo matrimonio potrebbe essere la soluzione perfetta.

Magari un bel castello medievale con un grande parco secolare con fontane, statue e aiuole di fiori colorati.

Officiare il rito del matrimonio civile all'americana sotto il viale di tigli profumati e lì fare le foto ricordo.

L'aperitivo di benvenuto può essere servito nel bellissimo giardino del maniero, e nel caso sfortunato di maltempo avrete comunque spazio a volontà all'interno delle antiche sale.

Così potrete passare più tempo con gli invitati e meno in strada, sul sedile posteriore del Maggiolino d'epoca.

OPS! MA QUESTO È IL MIO CASTELLO!

CAPITOLO IX

Fai da te o wedding planner?

La wedding planner, o meglio la WP, nutre un vero e proprio sentimento di amore-odio per la location manager.

Il problema più grande è la mancanza di dialogo tra le wedding planner e i location manager che gestiscono una dimora antica.
Le prime hanno una visione del mondo più o meno come quella di Cenerentola: *i sogni sono desideri da realizzare.*
Mentre la location manager ha una visione del mondo più organizzativa, e pone particolare attenzione alla protezione della propria preziosa dimora d'epoca.

Sovente i due professionisti del matrimonio hanno punti di vista totalmente opposti!

Ad esempio la WP vuole mettere le candele ovunque: circa 640 e tutte bianche! Iniziando dall'ingresso della dimora fino al muretto in fondo al parco. Anzi, avanzando una trentina di candele, le ha disposte anche sul muretto del vicino di casa e nel parcheggio riservato agli ospiti. Inoltre il giorno dopo il giardiniere dovrà togliere 639 candele (una l'ha presa zia Maria come ricordo).

Mentre la location manager, che vuole proteggere la sua preziosa struttura, vorrebbe appena mettere un piccolo lumino elettrico a led sul tavolo davanti agli sposi, approfittando della scusa che la cera macchia le pietre antiche e il marmo.

Eppure entrambi i professionisti hanno bisogno l'uno dell'altro.
La location storica ha bisogno della WP, perché è anche lei a far sì che gli sposi si interessino a questa tipologia di struttura.
La WP invece ha bisogno di mantenere un buon rapporto con l'altro professionista, perché è decisamente più facile vendere il servizio ad una coppia di sposi se si ha a disposizione una bella e suggestiva

dimora antica.

Poi aggiungiamo il terzo incomodo tra la location e la WP: il catering.

Se quest'ultimo è sotto la coordinazione e la gestione della giovane WP, il disastro è alle porte.

Ho visto WP che hanno costretto il catering di turno a mettere intorno al manzo affumicato e all'antipasto un nastro color Tiffany perché coordinato con il fiocco dell'acconciatura della sposa!

Ho visto anche WP che hanno obbligato gli sposi a mettere funghi porcini e carciofini nel risotto, anche se odiati dallo sposo, solamente perché in precedenza la WP li aveva obbligati a fare un matrimonio *country chic* e sosteneva che il risotto andasse bene con il tema del matrimonio stesso.

Comunque, appurato in tutti questi anni di esperienza che le WP sanno dell'argomento cucina meno di quanto ne sappia zia Maria, che segue tutte le puntate di *MasterChef* ed è appunto tifosa incallita di Cannavacciuolo, passiamo all'organizzazione dei collaterali al banchetto, dove diventa fondamentale la comunicazione tra la location e la WP.

Naturalmente la WP ha organizzato il primo ballo degli sposi in concomitanza con l'ingresso in sala del primo antipasto caldo, sfogliatine con la fonduta alla valdostana.
Così in quel momento, ossia all'entrata in sala dell'antipasto caldo, tutti gli ospiti erano in piedi per il primo ballo.
Come se non bastasse, il filmato preparato dagli amici per fare una sorpresa agli sposi naturalmente è stato proiettato nel momento dell'entrata in sala dei primi piatti, con i tanto decantati ravioli del *plin*... momento in cui tutti gli invitati erano, appunto, in silenzio a guardare il filmato.

Passiamo poi agli scherzi fatti da parte di qualche amico burlone agli sposi, quando si inizia a servire l'arrosto di Fassone alla piemontese, con il taglio in sala da parte dello chef... e con tutti gli amici e i parenti fuori nel parco.

Il commento degli invitati il giorno dopo: «Peccato che in questo posto si mangi freddo!».

Sarebbe bastato avere una coordinazione tra la wedding planner ed il catering, così nessun ospite si sarebbe lamentato.

Perché, se deciso nella scaletta a priori, tutti gli stop al menu possono, ad esempio, essere effettuati durante i cambi-piatto, che comunque il servizio sala deve effettuare: così i tuoi ospiti si divertono un mondo e possono mangiare bene... e caldo!

Passiamo ora alla *mise en place*, cioè a come preparare e addobbare il tavolo del tuo banchetto di nozze.

Sul piatto di ogni commensale, la wedding planner ha fatto disporre un segnaposto a punta in cristallo fragile della Swarovski, recante il menu ad incastro verticale. Il quale a sua volta aveva una farfallina Tiffany pinzata su un lato ed un bonsai giapponese dall'altra, il tutto dentro un vaso in ceramica bordeaux.

Può a questo punto venire un leggero dubbio sull'abbinamento dei colori.
La domanda che però mi sono posto è: la WP ha voluto solo vendere per incrementare al massimo il suo fatturato, oppure è particolarmente affascinata dai colori dell'arcobaleno?

Zia Maria aveva già la preoccupazione della crescita e di dove mettere il bonsai... quando sarebbe stato alto 15 metri.

Però la WP aveva anche pensato allo zainetto personalizzato per ogni invitato, addirittura con le iniziali degli sposi, per riuscire a stipare tutti i vari segnaposto che gli ospiti si sono trovati sul tavolo, con particolare attenzione al fragile gioiello della Swarovski.
Inoltre bisogna ancora farci stare dentro: la bomboniera, i confetti e una bottiglia di vino fregata al ristorante.

Siccome sempre secondo la WP bisognava fare i "diversi", anche la *font* del menu è stata personalizzata in occasione del matrimonio ma a tal punto che si è dovuto fare uso della macchina Enigma per decifrare le portate: tutto era praticamente crittografato.

Il secondo dei due primi, ancora oggi, non si è mai saputo cosa fosse.

Inoltre quando c'è la wedding planner ad organizzare un matrimonio, probabilmente questa sarà il punto di riferimento della sposa.

Già al primo antipasto lo sposo chiede alla WP a che ora si presume la fine del banchetto, essendo lui stesso bramoso di passare all'*open bar* promesso agli amici (se non mantiene la promessa, dovrà pagare penitenza per i prossimi 12 anni, portando un cartello al collo per le vie del paese con sul davanti scritto *Il matrimonio mi ha cambiato!*, e sulla schiena *In peggio!*).

Quindi dalla WP la domanda passa alla responsabile di sala del banchetto, che dopo aver servito almeno un paio di portate lo riferisce al direttore di sala della dimora antica, che essendo nel pieno del servizio impiegherà un po' a chiederlo al primo del personale di cucina incontrato, che dopo aver tirato fuori l'arrosto del forno gira la domanda al capochef del catering...

Risposta elegante e amichevole come solo uno chef di cucina può dare: «Dipende dalla velocità dei camerieri e soprattutto da quanti caz... *biiip biiip*... di filmati e balli ha ancora deciso di fare la WP!».

Naturalmente quando la risposta ha fatto tutta la trafila a ritroso fino allo sposo, l'*open bar* era già partito da un bel pezzo.

Ho intuito che l'*open bar* era già iniziato dal fatto che lo sposo volava in aria lanciato dagli amici con la cravatta sulla fronte stile *Full Metal Jacket*, per di più al ritmo della sigla iniziale di Goldrake!

Non sempre la colpa è della wedding planner oppure del catering incaricato del banchetto, che certamente insieme fanno una coppia stile *Attenti a quei due*.

Sovente ci si mette anche la location manager che, onestamente, se ne frega una mazza della wedding e del catering, ma pensa solo all'interesse della propria preziosa location.

La situazione si fa estrema – ancora più del solito! – quando la location manager coincide con il proprietario nobile che gestisce la propria "creatura":

- non si può calpestare l'erba;
- bisogna stare a venti metri dal bordo della piscina;
- non si può uscire dai camminamenti nel parco della villa;
- non si può brindare;
- non si può ridere;
- la musica solo in sottofondo;
- e l'orario per la cena è fino alle 21.30 perché poi i cani da caccia e i fagiani da collezione dell'ex marchese devono dormire!

Ma infine, allora, **serve avere una wedding planner** o una figura all'interno della location antica per farle seguire tutta l'organizzazione del matrimonio, di modo che tu abbia meno preoccupazioni e possa essere serena dedicandoti totalmente alla tua festa?

Posso garantirti che serve, eccome se serve!

Io un po' scherzo, ma devi sapere che le wedding planner stanno prendendo sempre più piede. Questo perché da parte della coppia di sposi di solito manca l'esperienza, la competenza, il tempo, e sicuramente la conoscenza delle nuove tendenze rispetto a quanto accade per una professionista.

Molte location, soprattutto di alto livello e leader di mercato, hanno oramai una wedding planner interna oppure una *event planner*, una *wedding consultant*, un responsabile servizi, una *wedding coordinator...* insomma, qualsiasi sia il nome che l'azienda ha attribuito loro, sono figure che seguono tutto quello che **non** si mangia in relazione all'organizzazione del tuo matrimonio.

Molti sposi decidono di organizzarsi tutta la loro festa di nozze da soli, di tipo *home made*.

Queste spose si mettono a partecipare alle fiere del wedding, a comprare tutte le riviste di settore, a stare ore sui portali del wedding dove tutti dicono la stessa cosa:

- *da noi si mangia meglio;*
- *da noi il servizio è migliore;*
- *i miei fiori sono più belli;*
- *le mie bomboniere costano meno;*
- *da noi hai la più alta qualità;*
- *da noi puoi stare sicura che sei in buone mani;*

ed infine la più classica: *noi realizziamo i tuoi sogni.*

Ti trovi una miriade di fornitori del mondo del matrimonio che hanno tutti gli stessi identici argomenti. Ma qualcuno di questi risolve realmente **i TUOI problemi**!

Realizzare il tuo sogno è un problema!
Il sogno diventa tale come conseguenza per aver risolto i tuoi problemi.

Ricordati che organizzerai il tuo grande giorno tutto da sola, perché **lui** – sì, il tuo lui: il tuo futuro maritino – interviene solo sull'*open bar*.

Anche con l'aiuto di qualche amica o parente è tutto molto impegnativo oltreché rischioso per la buona riuscita della festa. Capisco la tua voglia ed il piacere di organizzare la **tua** festa di matrimonio, ma devi mettere sul piatto molti aspetti ai quali magari non pensi o dei quali non tieni conto solo per mancata esperienza nel campo.
E molti, purtroppo, sono negativi.

Partiamo con il fatto che hai deciso di coordinare personalmente tutto il tuo evento, essendo la protagonista del **tuo** film.
Un po' come se George Clooney oltre che fare l'attore protagonista si fosse anche scritto la storia del film, la sceneggiatura, la musica, avesse sovrinteso alla regia e naturalmente fosse stato anche produttore.
Capisci che coordinare tutto è molto complicato se non hai uno staff alle spalle come quello che sicuramente potrebbe avere il famoso attore di Hollywood.
Per iniziare devi prima farti fare un preventivo da ognuno dei fornitori di servizi che vorresti al tuo matrimonio: ma per avere un termine di paragone è necessario che tu ti faccia fare il preventivo da

almeno 3 o 4 fornitori differenti. Stiamo stretti: diciamo almeno da un paio.

Poi moltiplica i fornitori per il numero di preventivi. Sai qual è il risultato finale?

Ore e ore a telefonare, leggere e rispondere a mail! E sarai nervosa... perché non sempre tutto funziona: ma quel giorno DEVE funzionare tutto come un orologio svizzero!

Ti faccio un esempio banale: il musicista (così mi faccio altri nemici).

Hai ingaggiato tu il tuo musicista perché ti ha convinto, a parole, magari in fiera, o ti è stato consigliato da un amico.

Già il fatto di non averlo mai sentito suonare e/o cantare prima (sempre che sia il genere che faccia per te) – fosse stato solamente anche per un quarto d'ora in fiera – è un rischio molto grande.

È molto importante non solo che lui sia bravo professionalmente ma che sappia spaziare dagli anni '60 ai giorni nostri, dovendo riuscire ad accontentare tutti gli ospiti, con prevalenza naturalmente per i vostri gusti personali in fatto di musica.

Ma soprattutto deve esserci empatia tra l'artista e gli sposi per fare decollare la tua festa.

Ma non solo!
C'è un'altra cosa su cui voglio farti riflettere.
Mettiamo l'ipotesi banale che lo sfortunato musicista da te scelto venga tamponato da uno scapolo distratto alla guida; ebbene, carroattrezzi... e auto KO proprio mentre veniva per suonare alla **tua** festa: la **tua** festa che sarà a quel punto senza musica!

Di fronte agli imprevisti una wedding planner (oppure l'organizzazione interna della location) che ti ha proposto e venduto il servizio musicale potrebbe salvare la **tua** giornata unica e speciale.

Infatti di solito, in questo caso, essendo una professionista del wedding, una WP avrà sicuramente ulteriori contatti di musicisti che possono *in extremis* sostituire lo sfortunato... che, ti ricordo, tu stessa avevi ingaggiato!

Avere accanto una WP (o una figura analoga) ti agevola molto il compito: farai riferimento ad una sola persona che ha il compito di risolvere tutti i tuoi problemi.

È una figura molto importante per dettare i tempi di cui tu non ti devi assolutamente preoccupare, dall'arrivo fino alla fine della festa tutto deve essere coordinato senza che tu te ne accorga.

L'unica tua preoccupazione deve essere divertirti e goderti la TUA giornata.

La cosa si accentua se hai anche intenzione di organizzare il rito del **matrimonio civile**: in questo caso ci deve essere tale persona a far accomodare gli ospiti, a far fare l'ingresso prima allo sposo (accompagnato dalla mamma), lanciando un cenno al musicista di partire con il pezzo musicale scelto in precedenza.

Poi deve far fare l'ingresso alla sposa sul tappeto rosso, con il papà o il fratello, e di nuovo fare un cenno al musicista, questa volta per la marcia nuziale.

E molti altri momenti ancora durante tutta la durata del rito.

Non sto a spiegarti come funziona la cerimonia perché questo non è il capitolo adatto, ma era per farti capire che tu devi "solamente" sposarti, lasciando il lavoro organizzativo ai professionisti della felicità.

Se la wedding planner non è interna alla location, assicurati che ci sia dialogo tra la struttura, il catering e la lei stessa, soprattutto per le varie attività preventivate e l'intrattenimento degli ospiti.

Se di solito tutto è ben coordinato con il catering si riesce a fare gli eventuali giochi con gli amici durante il cambio-piatto in sala, approfittando dei tempi morti della cucina.

Così gli ospiti possono mangiare bene pur divertendosi.

La figura della wedding planner, o consulente dei servizi, di solito ha anche il compito di confortare la sposa nei momenti in cui lei è incerta e di consigliarla sempre nel modo migliore. Sovente in quel periodo, cioè durante la preparazione del matrimonio, può diventare anche una sua amica del cuore.

E quando la wedding planner e la sposa decidono di dare un **tema**

al matrimonio?

Il tema del matrimonio non è uno scritto su un foglio protocollo dal titolo *L'unione di due anime*, con magari il voto e il giudizio finale di zia Maria, bensì il *fil rouge* che lega tutto ciò che gira attorno al matrimonio stesso.

Può essere rappresentato da una passione, un colore oppure un hobby.

Iniziamo con la **passione**.

Tra i più comuni ci sono quelli che hanno come passione il calcio, naturalmente per accontentare lo sposo che, su tutto il resto dell'organizzazione, non ha praticamente messo becco.

Mi è capitato di avere lui tifoso e ultrà della Juve, perché ha seguito le orme del papà, mentre lei, la sposa, era simpatizzante del Toro: merito di un bel fusto di centrocampista granata.

Ebbene, hanno scelto tovaglia bianca con tovaglioli neri ed un *runner* di color granata, che attraversava il tavolo tondo. Naturalmente la disposizione dei tavoli è stata pensata a mo' di stadio comunale, con le due parentele in curva alle estremità opposte, come nel derby.

Sul *tableau de mariage* dovevano esserci i giocatori delle due squadre di Torino ma, non riuscendo a mettersi d'accordo su quali nomi di giocatori inserire, essendo appunto di due squadre opposte, è stato poi deciso di dividere i tavoli con gli anni in cui la Juve ha rubato lo scudetto e quelli con le vittorie dello scudetto del Toro... molti di più comunque erano i tavoli della Juve!

Gli unici che negli ultimi anni non scelgono la squadra di calcio come tema del loro matrimonio... sono gli interisti!

Un altro tema molto ricorrente è quello del mare e della spiaggia.

Il segnaposto fatto con la conchiglia, come bomboniere invece pinne e maschera. Per i testimoni anche le bombole da immersione.

I centritavola sono dei piccoli acquari di acqua salata che riproducono la barriera corallina australiana, con il pesce all'interno che dà il nome al tavolo.

La suocera è stata messa al tavolo della murena, a zia Maria è stato assegnato quello della cernia.

La zia è riuscita a trovare il suo posto solo al momento del brindisi finale, quando finalmente la cernia è uscita dalla sua tana facendole capire quale doveva essere la sua posizione.

Gli amici scapoli si chiedono ancora oggi perché siano stati messi al tavolo del pesce sega.

Non parliamo di quella volta che la sposa era fissata di arte contemporanea russa!

Sul *tableau de mariage* i tavoli si chiamavano:

Kiselev, Kandinskij, Bonikov, Tirtoff, Utkin, Vorobev.

Su ogni tavolo c'era un'opera dell'artista di riferimento.

Immaginate gli ospiti che non conoscono l'arte moderna russa! Due ore e mezza per fare accomodare tutti gli inviati.

Poi ci sono i vari filoni richiamanti i gusti dei ragazzi che si sposano.

Ad esempio i ragazzi dark, che fanno l'ingresso in chiesa con *Knockin' on Heaven's Door* dei Guns N' Roses, proseguendo con l'Ave Maria cantata però dai Kiss.

Lei ha l'abito, i capelli, il rossetto, le unghie, il trucco e gli indumenti intimi tutto rigorosamente black.

Lui pure, compresi occhiali da sole e trucco!

L'arco del matrimonio con tulle nero, la tovaglia nera, i centritavola con rose nere, i piatti erano ovviamente neri e naturalmente era stato scelto il risotto al nero di seppia.

Insomma, l'unica cosa bianca sul tavolo era lo Chardonnay delle Langhe doc.

Poi c'è anche la categoria degli sposi con filosofie di pensiero tipo Figli dei Fiori.

Quelli che di zia Maria non gliene può fregare di meno.

Di solito arrivano a bordo del furgoncino Volkswagen anni '70, oppure sulla Pallas della Citroën dello stesso periodo, con le tendine di velluto ai vetri posteriori.

Il loro ingresso in chiesa invece avviene (naturalmente) con *One Love* di Bob Marley.

Per far salire fin da subito l'allegria, un amico ha sostituito l'incenso con della buona "Maria" jamaicana (da non confondersi con la zia). Al momento del dondolio del turibolo (il vaso in metallo in cui viene bruciato l'incenso in chiesa) da parte del parroco, quello che in teoria doveva essere incenso ha lasciato il posto a ben altro profumo... e tutta la navata si è trasformata in una sorta di messa gospel, stile quelle di Harlem.

Zia Maria in piedi sulla panca e braccia alzate al cielo gridava «Alleluja! Alleluja!»... e zio Pino al suo fianco sosteneva di aver visto la luce!

Gli invitati e gli zii non sono mai più stati gli stessi.

Succede anche che entrambi gli sposi siano in completo disaccordo, ad esempio sul tema del *tableau de mariage* (che in italiano significa: *disposizione dei tavoli degli ospiti al banchetto*. In francese suona meglio, lo so).

Allora per non finire una storia d'amore ancora prima che inizi, si cerca di mediare.

È successo di una coppia di sposi in cui lui amava alla pazzia le moto, mentre lei voleva una cosa più romantica, tipo le gemme preziose.

È stato poi deciso, per accontentare entrambi, di fare foto delle moto tutte ingioiellate. Poi si è voluto distinguere i tavoli tipo: Kawasaki verde smeraldo, Honda rosso rubino, Yamaha turchese, Ducati ametista.

È stato chiesto aiuto a tutti i blogger mondiali delle due ruote per capire se qualcuno avesse delle moto con quegli strani colori, l'unica che non è stata trovata è la Ducati ametista. L'hanno poi sostituita con quella giada!

Sovente capita che sia proprio **il colore** a dettare il coordinato a tutto il matrimonio.

Il fatto è che ogni anno, come per qualsiasi altra moda, i colori cambiano! Si inizia con l'International Bridal Fair di Londra, di solito a metà settembre, che dà le tendenze per l'anno successivo.

Ebbene vent'anni fa, quando iniziavo con la mia attività, il colore di tovaglie e tovaglioli lo potevi scegliere... purché fosse il bianco.

Poi si è passati alla scelta da parte degli sposi di almeno tre colori: bianco neutro, bordeaux castello, blu Savoia.

Poi naturalmente potevi fare un mix dei tre.

Così si vedevano cose orribili, come ad esempio spose che volevano la tovaglia bordeaux e il tovagliolo blu: sembrava un matrimonio di catalani tifosi del Barcellona.

Infine siamo arrivati ai tempi odierni.

Nemmeno l'arcobaleno sa dove qualche sposa riesca a tirare fuori determinati colori.

Senti cose del tipo:

«Vorrei un vinaccia, ma non proprio un vinaccia-vinaccia, la tonalità deve essere quella di un Brunello di Montalcino del 1998»;

«Il verde acido, ma non proprio così acido, un po' più maturo è meglio»;

«Il blu cielo, ma non proprio il cielo di oggi, deve essere blu come il cielo in una giornata tersa e ventilata di metà maggio».

Insomma, gli sposi dopo aver scelto il colore definitivo che accompagnerà tutto il loro matrimonio, in collaborazione con l'Accademia delle Belle Arti, possono brevettare un nuovo Pantone, come aveva fatto l'azienda Tiffany.

Si inizia poi ad addobbare ogni ringhiera, sporgenza, cartelli stradali, antenne delle auto, confettate, centritavola, fiocchi alle sedie, fiocchi ai capelli della cuginetta, fiocchi al collare dei cani. Ci siamo capiti.

Insomma hanno dovuto far lavorare una decina di cinesi nella cantina della propria casa, per produrre tutti i fiocchi necessari all'evento.

Dimenticavo che il *fil rouge* naturalmente era tutto dello stesso colore: il giallo papaya... ma non di una papaya in qualsiasi fase della maturazione, quel giallo papaya un mese prima del raccolto!

Avere un tema per il tuo matrimonio è una cosa che ti differenzia da tutti gli altri. E comunque ricorda: è un giorno in cui esprimere il proprio modo di essere.

Si può esprimere un hobby, una passione, un colore, una filosofia di pensiero, del sarcasmo o uno stile umoristico.

Insomma qualsiasi sia l'argomento, è un modo per personalizzare il tuo matrimonio rendendolo il più possibile unico. E sicuramente rimarrà più impresso di un matrimonio "qualsiasi".

Anche qui cerco di astenermi il più possibile dal dirti cosa è più adatto oppure più bello. Queste scelte, soprattutto estetiche, come detto più volte, sono molto soggettive.

Nessuno più di una sposa fantasiosa può immaginare il proprio matrimonio... ma posso comunque consigliarti di **essere anche molto pratica**.

Oltre naturalmente al colore del fiocco che hai scelto per le antenne delle auto, stamperei la mappa dettagliata con il percorso da fare per trasferirti dalla chiesa fino alla dimora storica.
Questa sarà da consegnare a tutte le autovetture coinvolte nella carovana: e naturalmente anche la carta della mappa può essere del colore della tua festa.

Anche per il *tableau de mariage*, che sicuramente sarà in tema, non farei scritte o nomi complicati da comprendere.
Il riferimento dal *tableau*, obbligatorio se si hanno i tavoli tondi, deve essere semplice ed intuitivo. A differenza dei tavoli a banchetto, in cui si possono dividere gli ospiti "in parentele".

Scherzi a parte: se hai intenzione di fare una cosa tipo quella della sposa appassionata di arte contemporanea russa, è assolutamente necessario che ci sia almeno un addetto (che può anche essere un cameriere di sala) che dia istruzioni accanto al *tableau de mariage* per consentire a tutti gli ospiti di trovare il loro posto in modo veloce e agevole.

Per il menu stampato è la stessa identica cosa.
Anche se sei in un castello del Medioevo, fare un menu stampato interamente con calligrafia medievale antica certamente è qualcosa di intonato al luogo, ma diventa molto difficile da capire da parte dei tuoi ospiti.
Il consiglio è di stare su una *font* comunque comprensibile a tutti.

Quando si riesce a dare un senso, mediante un *fil rouge* che leghi tutto il matrimonio... dall'allestimento della chiesa all'addobbo dell'auto, passando per i particolari sugli abiti degli sposi e dei loro testimoni, per il centrotavola, i segnaposto, il *tableau de mariage*, le bomboniere, il portatovagliolo, la confettata...

... ebbene...

... se ben studiato e curato nei minimi particolari, magari con l'aiuto di una wedding planner oppure di una consulente interna della location, si potrà ottenere un grandissimo effetto ottico e...

... il tuo matrimonio sarà...

... UNICO!

CAPITOLO X

Il giorno delle nozze

La tua serenità e la sicurezza per la buona riuscita della tua festa di matrimonio hanno la priorità su tutto!

Ho cercato di farti capire nei capitoli precedenti: che la *serenità* la raggiungerai soprattutto mediante la *scaletta della tua agenda* contente la *road map* del matrimonio e circondandoti di *professionisti seri ed affidabili* per quanto riguarda i servizi
di contorno alle tue nozze.

Mentre la *sicurezza* la otterrai scegliendo una *dimora antica* che abbia tutte le caratteristiche *logistiche e di spazio adatte alle tue esigenze*, qualsiasi sia la *situazione meteorologica* di quell'importantissimo giorno.

Se hai pazienza, nel prossimo capitolo ti svelo **il metodo delle 4 gambe**, che riassumerà tutte le problematiche di cui ti ho raccontato nei vari capitoli precedenti e le soluzioni per tenerne conto e risolverli!

Per sdrammatizzare un po', adesso cercherò di raccontarti il *giorno tipo* di una coppia di sposi: ovviamente quello del loro matrimonio!

In questo capitolo cercherò anche di farti capire qual è il **consumo energetico di una coppia di sposi**, con particolare attenzione a quello della sposa.

Non ho intenzione di descrivere le varie acrobazie della prima notte di nozze, perché qui siamo ancora al mattino. All'ora "zero" del sospirato ed atteso giorno del matrimonio!

Infatti la giornata degli sposi inizia presto, o meglio: soprattutto la giornata della sposa incomincia all'alba.

Sveglia alle 4 di mattina in punto, con *Perfect Day* degli U2, suoneria personalizzata per l'occasione.

Siamo esattamente 12 ore prima della cerimonia, la quale si svolgerà alle 16 nella parrocchia del quartiere!

È lo stesso tempo che ci vuole, partendo da Milano, per arrivare in Nuova Zelanda, che è la nazione sul nostro pianeta più lontana dall'Italia, dall'altra parte del globo!

A quell'ora del mattino, cioè alle 4, solo i commercianti di frutta e verdura dei mercati generali ed i primi panificatori sono già svegli.

Pian piano arrivano nella camera della sposa i primi personaggi chiave per la sua preparazione e vestizione.

Prima arriva la **mamma** che, essendosi fatta sistemare l'acconciatura il giorno prima, ha praticamente dormito in piedi per non rovinarla.

Poi è la volta di **zia Maria**, anch'essa è stata dalla pettinatrice di fiducia il giorno prima. La zia ha invece approfittato della sua voluminosa acconciatura impiegandola come cuscino morbido, come se fossero piume d'oca norvegesi.

Zio Pino, essendo pelato, non ha avuto di questi problemi e ha dormito come un ghiro tutta la notte.

Infine si susseguono nell'arrivo anche le grandi consolatrici, come la **sorella** e l'**amica del cuore**, che, ricordo, è anche la testimone.

Loro hanno lo scopo soprattutto di sostenere la sposa nei momenti di sconforto del pre-matrimonio, che durante tutta la giornata non saranno pochi...

Poi via via arrivano la **nonna**, il **cuginetto**, il **fratello**. Fino a questo punto tutto è gestibile, ancora nella norma.

Ma quando arrivano anche la vicina di pianerottolo, il giornalaio dell'angolo, la barista di fiducia sotto casa e soprattutto le amiche della squadra di pallavolo, a quel punto, be', l'alloggio si trasforma in una fermata della metro nell'ora di punta... e la cosa diventa complicata.

Si arriva perfino a mettere all'ingresso della scala del condominio il contanumeri elettronico, stile panetteria, per sapere a chi toccherà entrare nell'abitazione della sposa. Oggetto preso naturalmente in prestito dal panettiere, che è ancora chiuso ma già sveglio per la prima infornata.

Poi è il momento dell'arrivo dei primi professionisti del matrimonio.

Alle ore 5 pettinatrice e truccatrice, che naturalmente hanno dovuto usare l'ascensore di servizio per portare al piano tutta l'attrezzatura necessaria e riuscire a erigere l'impalcatura con i lunghi capelli della sposa.

Anche se il progetto per l'impalcatura della sposa è stato deciso molto tempo prima, partendo da meeting e discussioni su Skype tra la sposa e la pettinatrice stessa, fino ad arrivare all'utilizzo della tecnologia di ultima generazione, per fare vedere alla sposa come sarà l'effetto dell'acconciatura sul suo viso mediante realtà virtuale. Ebbene, dicevo, nonostante tutto ciò, si rischiano sempre le modifiche dell'ultimo momento.

La sorella, quella con esperienza, perché si è sposata un paio d'anni prima, dice di eliminare tutte le forcine, perché lei ci aveva messo 15 giorni a togliersele tutte. Anzi, sostiene che ancora oggi, a distanza di due anni, ogni tanto ne esce fuori una!

La mamma vuole un'acconciatura semplice che le ricordi la sua bambina da piccola e tira fuori una foto di quando la sposa aveva nove anni, chiedendo alla pettinatrice se poteva fare una cosa simile.

Naturalmente anche zia Maria vuole dire la sua, sostenendo che in previsione della prima notte di nozze avrebbe fatto un'acconciatura come la sua, stile morbido cuscino norvegese.
Le uniche parole del saggio zio Pino sono state: «Secondo me, lo sposo, la prima notte di nozze, non fa caso all'acconciatura!».
Ed è stato zittito subito dalla zia.

Dopo aver pettinato la sposa, come una bambina di nove anni con un cuscino di piume in testa, si passa finalmente al trucco.

Si è deciso di fare le labbra della festeggiata con lo stesso colore delle balaustre della chiesa, le unghie delle sue mani intonate alla carrozzeria dell'auto ed il mascara degli occhi che ricordasse il centrotavola.
Insomma, non si è capito se voleva mimetizzarsi nella festa!

Alle ore 6, quando incomincia a spuntare l'alba, arrivano i fotografi per le foto della vestizione.

«Fuori tutti gli uomini!»
Zio Pino come al suo solito fa finta di non capire.

Si inizia con le foto in cui la sposa si mette il reggiseno, si infila le calze, si allaccia i reggicalze, si chiude il *body*, si infila la sottoveste, la parte sotto dell'abito principesco, poi la parte di mezzo ed infine quella superiore. Manca solo il velo.

Insomma, dopo 850 GB di foto da parte del fotografo – che con la vecchia tecnologia sarebbe servito un furgoncino intero di rullini Kodak –, la vestizione è finalmente finita.
Sicuramente un cavaliere medievale in armatura da battaglia, di metallo, avrebbe fatto più in fretta a vestirsi ma soprattutto sarebbe stato più comodo!

Ebbene nonostante la levataccia con ben 12 ore di anticipo sulla cerimonia, lei riesce ad arrivare in chiesa per la cerimonia con ben 45 minuti di ritardo!
Perché aveva ancora da sistemarsi un paio di dettagli.

E tu mi chiederai: «E lo sposo?».

Per descrivere la giornata tipo dello sposo mi basta meno di una pagina.

Sveglia alle ore 12, ben 8 ore dopo la sposa!

Da aggiungere all'orario della sveglia è un'ulteriore mezz'ora... per potersi riprendere dalla nottata precedente... una sorpresa caraibica organizzata dagli amici più intimi.

In bagno a fare la pipì per smaltire le tossine della sera prima, poi doccia e naturalmente visita dal barbiere: e non viceversa!

Poi il ritorno a casa per la vestizione finale.
L'unico indumento sexy sono i boxer della Kelvin Klein, comprati

per l'occasione, già con il pensiero della prima notte di nozze.

Ma c'è anche una sorpresa per lei, il colore dei boxer sexy dello sposo... lilla!

Il colore tema del loro matrimonio.

Rimangono solamente da indossare: un paio di calzini, una camicia, un completo metallizzato Pignatelli da fare invidia a RoboCop ed una cravatta già pre-annodata.

Il risultato finale è adatto per una festa organizzata da Luigi XIV in collaborazione Arnold Schwarzenegger.

Ebbene, nonostante la sveglia di ben 8 ore dopo la sposa, il futuro sposo riesce ad arrivare con ben 40 minuti di anticipo rispetto alla cerimonia.

Ancora il tempo per farsi un paio di *spritz* e farsi prendere per il c... dagli amici, con battutacce sull'abbigliamento da Terminator.

Qualcuno gli ha anche chiesto se era sua intenzione diventare un membro onorario dei Fantastici quattro!

E siamo appena all'inizio della giornata.

La quale prosegue ancora con migliaia di calorie consumate per l'emozione della cerimonia, altre migliaia consumate fuori dalla chiesa per i baci a tutti gli invitati, assolutamente nessuno escluso!

Non sono da tralasciare le energie, bruciate soprattutto dalla sposa, per il fatto di dover salire e scendere dal sedile posteriore del Maggiolino del '56, per poter fare le foto nei vari posti scelti dal fotografo.

Magari in una bella giornata di afa, subendosi anche un viaggio alla media di 35 chilometri all'ora, con oltre un'ora di viaggio per raggiungere la location della festa!

Poi si prosegue con le energie consumate per il primo ballo, che dopo quattro mesi di prove tutte le sere da parte della coppia immancabilmente quel giorno è un disastro.

Con le scarpette della festeggiata, di un bel colore bianco candido, diventate nero carbone dopo appena quattro passi di danza.

Infatti si erano sempre allenati, non considerando che quel giorno lei sarebbe stata imbragata come un cavaliere medievale e lui parecchio impedito dal vestito stile RoboCop!

Si prosegue con trenini e macarene che consumano ulteriori energie preziose.

Si passa in seguito all'emozione dei fuochi d'artificio, a quella del taglio della torta, che fanno arrivare a questo punto l'asticella delle energie fisiche per il consumo giornaliero sulla soglia del pareggio energetico (secondo la scala del Comitato Olimpico Internazionale del Matrimonio), anche per i più allenati e i più giovani.

Ecco che alla fine del banchetto arriva il momento più desiderato dagli amici, l'*open bar*!

Di solito è la classica goccia che fa traboccare il vaso, è quella che fa scendere la famosa asticella sotto lo zero.

Lo sposo inizia con i brindisi per ogni occasione: il suo primo gol con la squadra del paese di terza categoria, la vittoria del Mondiale di Valentino Rossi, la vittoria dell'Inter nella Champions League!, la vittoria del New Delhi nel campionato indiano di cricket, fino ad arrivare a quello per l'anniversario della nascita di Topolino.

In questo momento oramai i giochi sono fatti, si è arrivati al punto di non ritorno!

A questo punto è ormai inutile fare uso del decalogo di zia Maria: *Come dosare le energie nel giorno del matrimonio per arrivare al mattino forte come un leone.*

Anche tracannarsi una botte intera di Red Bull è orami inutile, non può più fare miracoli né "mettere le ali".

Così lui, la prima notte di nozze, più che un **leone** è stato un **c...ne**!

Ora proverò a consigliarti su come dovresti comportarti quel giorno, per non fare la fine dei due ragazzi del racconto di prima.

Questi consigli non sono per la prima notte... per quello c'è il libro del Kamasutra.

Vorrei darti dei consigli su come fare ad arrivare fino alla prima notte di nozze con ancora qualche energia a disposizione.

Anche se non ci credi tanto, il risparmio energetico parte già mesi prima dell'evento, praticamente da quando prendi – ops, prendete! – la decisione di sposarti.

Non dico di incominciare a concentrarti ed avere un'alimentazione controllata come un atleta che sta preparando la maratona per le prossime Olimpiadi.

Ricorda le fasi iniziali, tipo:

* scegliere la data del giorno del matrimonio;
* scegliere la location giusta;
* invitare tutti gli ospiti;
* capire che tipo di matrimonio vuoi fare;
* scegliere che tipo di menu andrebbe bene;
* capire quali servizi richiedere (o quali potete permettervi).

Bene, tutte queste scelte iniziali hanno un dispendio energetico, sia fisico che mentale, enorme... per cui è importante che incominci ad organizzarti il prima possibile.

La tua serenità è fondamentale per te e per tutti quelli che ti stanno intorno.

Oltre a farti vivere questo periodo come una vera e propria gioia e **non** come una Via Crucis, la serenità ti fa arrivare al giorno del matrimonio piena di energie.

Potrai così dedicarti con tutta te stessa ad essere per un giorno la "prima donna", a salutare e a farti vedere dalla gente del quartiere o del paese; potrai essere in continuazione sotto la lente d'ingrandimento e venire osservata come non ti capiterà mai più nella vita!

Potrai anche dedicarti a fotografie e filmati non solo del fotografo professionista ma anche a quelli di tutti i parenti e gli amici che poi li postano su Instagram, oppure che registrano lunghe dirette video destinate a Facebook.

Devi arrivare alla location e fare la padrona di casa, passando in continuo tra i tavoli per chiedere se tutto procede per il meglio.

Devi ballare con gli ospiti e le amiche, subire moltissimi scherzi e anche emozionarti per filmati preparati dagli invitati.

Poi si arriva ai saluti finali.
Una bomboniera, due baci e dieci parole a tutti gli ospiti.

Non è ancora finita...

C'è ancora da pagare il conto!
Partendo dal musicista della festa per proseguire col catering del banchetto, poi c'è ancora l'affitto della dimora d'epoca e la wedding planner che ha seguito il matrimonio.
Sicuramente ho dimenticato dei pagamenti!
Ancora non ho finito?!
Ah già! C'è da raccogliere le bomboniere avanzate, prendere qualche centrotavola per portarlo a casa, il *tableau de mariage* ed i menu come ricordo di quel giorno, i segnaposto rimasti sui tavoli ed infine la fetta di torta per la nonna rimasta a casa.

Finalmente si va a casa! Nella nuova casa!
Non più con il Maggiolino del '56 ma con il BMW serie 6 color oro dello sposo.

Siamo arrivati praticamente alla fine della giornata e finalmente nomino lo sposo!

Ebbene, con tutto quello che ha avuto da fare la sposa durante tutta la giornata di festeggiamenti, a lei rimane solo più un 10% di energia per dedicarsi a lui e alla prima notte di nozze, sempre secondo la famosa scala olimpica del matrimonio.

Lui, che invece non è quasi mai stato nominato in questo capitolo, ha risparmiato energie molto preziose, con una rimanenza di ancora ben il 90% di energie sfruttabili proprio nel momento giusto!

Anche la FIDAL, che rappresenta la nazionale Olimpica di Atletica Leggera ha preso come mantra il decalogo di zia Maria!

BUONA PRIMA NOTTE!

Il mattino seguente, il tuo matrimonio è ormai alle spalle... o forse meglio: è appena iniziato!

Finalmente si è da soli e si inizia a respirare, senza aver più niente a che fare con tutti questi parenti e ospiti.

Mi correggo!

Il giorno seguente, dopo una nottata seguendo le istruzioni del decalogo di zia Maria e il consiglio dello zio Pino di leggere il Kamasutra (possiamo affermare che ci sono sembrati migliori e più pratici soprattutto i capitoli che vanno dal 26 al 38!), i novelli sposi si trovano ancora davanti all'impegno di doversi occupare del sostentamento degli ultimi parenti stretti, rimasti un giorno in più per stare vicino agli sposi.

Come se ne avessero ancora bisogno...

Questa volta però l'intrattenimento non è in un castello ma in un agriturismo con prodotti esclusivamente locali: il cibo era locale, l'olio era locale, il pane era locale, la pasta era locale e perfino la lingua parlata era locale.

Infatti si parlava il piemontese con l'accento di Cuneo, per cui tutti i parenti di giù hanno dovuto fare uso di un dizionario dal piemontese al pugliese.

Zia Maria invece comunicava a gesti!

Questa volta il servizio nell'agriturismo non era né alla francese, né seguiva il metodo impiattato. Era del tipo: chi arriva per ultimo non gode!

Finito il pranzo del giorno dopo, fatto con gli ospiti reduci del banchetto di nozze, passiamo ai **giorni che seguono l'evento**.

Per qualche giorno dopo il matrimonio, infatti, ti arriveranno telefonate da parenti ed amici che erano ospiti alla tua festa, per poterti ancora ringraziare e congratularsi per la splendida giornata e l'incredibile accoglienza.

L'amica del cuore ti telefona per dirti quanto l'hai fatta emozionare, essendo arrivata a piangere ben 21 volte in chiesa... ma ti è grata soprattutto perché alla tua festa di matrimonio ha conosciuto un simpatico e bel ragazzo dell'altra parentela. Già fantasticava sul fatto che ora oltre ad essere l'amica del cuore, nonché tua testimone, potrebbe diventare addirittura tua parente!

«In futuro possiamo andare tutti e quattro, più i futuri pargoli, a fare delle belle *costinate* alla domenica.»

Gli amici ti ringraziano per la splendida festa pur ricordandosela solo fino all'apertura dell'*open bar*. Ricordano di essersi divertiti grazie alle foto postate su Instagram da quelli, pochi, sani di mente rimasti abbastanza lucidi fino alla fine da riuscire ancora a usare uno smartphone.

Ma soprattutto sono i video caricati su Facebook a rendere l'idea: in uno si vede lo sposo tenuto in aria dagli amici, con sottofondo la colonna sonora di Goldrake... ma lui non aveva il vestito Pignatelli stile RoboCop?

Poi arriva la tanto attesa telefonata di zia Maria. Anzi, la zia ha dovuto chiamare la neo sposa con Skype!

Ha avuto la bella idea di invitare a casa sua per l'occasione ben 14 amiche, più tutta la *cantoria* della parrocchia del paese. Le donne si sono messe a semicerchio intorno al Mac con telecamera incorporata, il computer della Apple nuovo di pacca comprato appositamente dalla zia per la *call* via Web.

Ognuna delle amiche della zia ha fatto almeno una decina di domande, in confronto l'esame orale per la laurea è sembrato un gioco da ragazzi.

La *call* è durata dalle 14.30 in punto fino alle 19, perché poi tutte le amiche della *cantoria* dovevano andare a casa per preparare la cena a quei rompib... dei mariti!

Non solo le amiche della zia ma, ricordati, che anche TU, ora devi preparare la cena a **tuo marito**!

Finalmente si parte per il meritatissimo viaggio di nozze! Sono molti i posti i cui gli sposi decidono di andare per la loro luna di miele.

Essendo il matrimonio un'esperienza unica nella propria esistenza, gli sposi tendono a fare il viaggio della loro vita, pensando: "E quando ci capita un'altra volta?".

Così si pensa alle mete più esclusive ed esotiche!

Ci sono quelli che vanno in Madagascar senza saper bene distinguere un vitello da una capra o, più difficile ancora, una gallina grande da un tacchino piccolo.

Credono di andare in Africa, dove ci sono anche elefanti e leoni, e magari non sanno che l'isola è stata divisa dal continente africano per migliaia di anni.

Quest'isola ha animali con caratteristiche fisiche uniche rispetto al resto del continente; e agli sposi, che non guardano i programmi di National Geographic, non sembrerà di essere "atterrati" nella loro luna di miele ma su Marte!

Oppure ci sono quelli che scelgono destinazioni lontane come la Papua Nuova Guinea.

Arriveranno a destinazione dopo aver preso l'automobile, il treno, l'aereo, l'autobus, il taxi, il traghetto e per ultima la piroga indigena nel tratto finale.

Sono riusciti a godersi la sospirata luna di miele facendosi: tre giorni di viaggio per la sola andata per raggiungere la Nuova Guinea; un giorno per visitare un villaggio micronesiano; tre giorni per il viaggio di ritorno in direzione Milano.

Il tutto perché il permesso per le ferie matrimoniali era di sette giorni!

Oppure c'è chi opta per qualche atollo paradisiaco nel Pacifico, come la Polinesia, oppure nell'Oceano Indiano come le isole delle Maldive.

Ebbene, solitamente l'alta stagione del matrimonio è quella estiva da noi in Europa... che corrisponde ai periodi dei monsoni in Oriente e soprattutto a quello dei temutissimi cicloni tropicali.

Queste isole, essendo appunto ai Tropici, sono ad alto rischio.

In Polinesia c'è il rischio che durante un ciclone tropicale – che magari dura da molti giorni e ferma anche i già pochi rifornimenti di derrate alimentari – vi troviate a fare come Robinson Crusoe per sopravvivere alla fame e al tempo estremamente avverso.

Non come gli sfigati che sono sull'*Isola dei Famosi*, dove tutto è finto ed i cameramen gli passano barrette energetiche e Champagne quando vanno fuori di testa!

E per tutte le coppie di sposi che hanno scelto l'Oceano Indiano?

Be', alle Maldive immancabilmente ci sarà uno tsunami con onde di 23 metri!

Quindi dopo il matrimonio **passano le settimane**, poi **passa qualche mese** oppure **qualche anno**, dipende dal fotografo...

... e finalmente arriva **il book fotografico**!

La *cover* dell'album è quella scelta in precedenza con il fotografo, in pelle di scapolo!

Naturalmente con inserti e pagine interne sul lilla.

Si inizia così di nuovo la trafila di invitare tutti gli ospiti, come prima del matrimonio, ma questa volta per il tanto sospirato book!

Con l'occasione potrete far vedere anche il nuovo nido d'amore arredato IKEA. Nido d'amore, perché aveva più o meno la stessa grandezza di un nido di cicogna da circa 6 metri quadri.

Ma grazie all'arredamento IKEA siete riusciti a creare in quei pochi spazi un bel tinello in pino svedese, due bagni in abete svedese, la cucina abitabile in betulla svedese ed infine la camera da letto matrimoniale in faggio svedese.

L'unico svantaggio è che alla sera prima di andare a dormire bisognava far entrare l'arredamento diurno nel forno a microonde e far uscire quello notturno con il letto a due piazze dalla lavastoviglie!

Questa volta, dicevo, non siete voi a dover andare a casa di tutti gli ospiti invitati alla festa, come era successo per la consegna degli inviti!

Dovrai solo tirare fuori di nuovo dal cassetto l'agenda di Donald Trump e potrai iniziare a fare telefonate, spuntando coloro ai quali hai già dato l'appuntamento... **naturalmente partendo da chi ti aveva fatto il regalo più costoso!**

Siccome tutti sono disponibili solo durante il weekend, ti ricordo che nell'arco dell'anno solare ci sono 52 fine settimana, e che togliendo le festività rimangono solo una quarantina di sabati a disposizione per organizzare la visione dell'album.

Ho conosciuto coppie di sposi che hanno impegnato il fine settimana dei tre anni seguenti il loro matrimonio!

L'unica che non è venuta a casa vostra è stata la solita zia Maria, lei ha preferito sfruttare il suo Mac nuovo per far vedere l'album a tutte le amiche della *cantoria*. Riunite nel tinello della zia per l'occasione, si sono sparate una diretta *non stop* dalle 8 alle 23 tipo Telethon.
Con dibattito per ogni foto e un commento personalizzato di zia Maria di almeno 25 minuti... per tutte le amiche che non erano alla festa della nipote!

Dimenticavo di dirti: fatti firmare dal fotografo un contratto con la data di consegna del **tuo** album.
In questo modo, anche se i fotografi sono bravi a trovare tutte le scuse possibili, se non rispetteranno le date di consegna... penale!
(E che i fotografi non me ne abbiano!)

Un anno dopo il matrimonio molte location organizzano la Wedding Night, invitando tutti gli sposi dell'anno precedente a fare un gran galà dedicato solamente a loro, durante il quale naturalmente gli sposi dovranno rimettersi l'abito della loro cerimonia.

Vedi a questo punto coppie di sposi che colgono l'occasione per prenderlo come obiettivo: *(ri)entrare nel vestito un anno dopo il matrimonio!*

Provano tutti i mesi, antecedenti la *Wedding Night*: il vestito da sposo/a e appena è un po' stretto... allora chiamano il dietologo per farsi scrivere una dieta a base di bacche di goji e tofu.

Inoltre, le donne si iscrivono subito dopo il matrimonio alla palestra del quartiere, facendosi fare lo stesso programma cha ha la bellona che partecipa a Miss Universo.

Per i maschi invece è più facile ingannare con l'abito da sposo.

Ho visto toppe termoadesive con la scritta *Be free*, tipo quelle che mia nonna mi metteva sui jeans quando erano bucati, perché il vestito dello sposo il giorno del banchetto aveva subito così tanti traumi che sembrava fosse andato lui di persona a cercare il soldato Ryan!

Ho visto abiti i cui proprietari sostenevano fossero giacca e pantalone già spezzati così al matrimonio: giacca a quadretti rossi e pantaloni a righe blu.

Qualcosa non mi convinceva affatto, forse era la "pancetta" diversa da un anno prima che li costringeva a cambiare solamente i pantaloni, perché era scattata quella fase in cui le taglie da uomo cominciano a diversificarsi tra la parte inferiore e quella superiore del corpo.

Mentre per la sposa è più difficile barare, il suo abito di solito è bianco, lungo e pomposo.

Ho detto di solito...

Così se non hai seguito la dieta e nemmeno sei andata in palestra, è necessario fare uso delle mani esperte di una sarta. Se la sposa è dimagrita il problema è minore. Basta tagliare! Se invece ha aumentato un po' le sue misure, diciamo esterne, bisogna ricorrere a più complicate aggiunte all'abito nuziale.

Ho visto spose che hanno utilizzato il tulle lilla avanzato delle bomboniere; chi ha usato una sottoveste vecchia della mamma per aggiungere stoffa; chi invece aveva le maniche lunghe durante la cerimonia vera, perché magari in periodo invernale, ha rifatto il vestito questa volta con il decolté!

Insomma, ci sono delle spose che al galà vincono il premio come miglior patchwork della serata!

Poi inizi con: il lavoro, la casa, il mutuo, i figli, il battesimo, la scuola, la prima comunione, la cresima e poi l'università dei figli ed infine ancora il mutuo!

Ah dimenticavo, nelle spese da preventivare in futuro, devi anche tenere in conto che ti tocca poi pagare il matrimonio a tuo figlio!

Ma il tuo vantaggio a quel punto è di **aver letto questo libro**!

Allora cerco di essere un po' più serio e di spiegarti come dovresti affrontare **il dopo matrimonio**.

La cosa migliore è riuscire a partire per il viaggio di nozze un paio di giorni dopo l'evento, per avere il modo di fare ancora da padroni di casa per gli ospiti che eventualmente si sono fermati oppure per telefonare a quelli che erano andati subito a casa finita la festa. Considera anche che riceverete le telefonate di ringraziamento del dopo banchetto da parte degli invitati.

Insomma, come fanno le grandi aziende per fidelizzarsi il cliente.

Poi come raccontato in modo scherzoso all'inizio del capitolo, la scelta della destinazione della luna di miele è sia un sogno che si avvera, sia un premio per lo sforzo sostenuto per organizzare tutto.

Sicuramente in questo caso è meglio affidarsi ad un professionista dei viaggi, a meno che tu non abbia una notevole esperienza e conoscenza dei periodi in cui è meglio andare. Un tour operator saprà consigliari il posto migliore in cui statisticamente andare in base al vostro periodo...

Il consiglio...
Vai nel posto più strano ed impensabile che tu abbia mai sognato!
È un'occasione unica!
In compagnia del più grande amore della **tua** vita.
Poi finita la magica luna di miele si torna a casa...

Ma torniamo un secondo alla serata della *Wedding Night*.

Volevo dirti che l'importante non è tanto riuscire a stare per un anno nella taglia dell'abito della cerimonia, questo infatti è un problema per una singola serata.

L'obiettivo per entrambi è cercare sempre di essere quello/a del giorno del matrimonio.

Lui sempre innanzitutto un uomo! Per cui gentile, coraggioso e romantico.

Mentre lei una vera donna! Per cui dolce, premurosa e molto... sexy.

Sono sposato da 18 anni con una donna meravigliosa che mi ha dato due figli stupendi, una femminuccia, Sofia, ed un maschietto, Alberto.

Ho anche due cani: un Jack Russel di nome Lady ed un Boxer di nome Artù.

Vivo con la mia famiglia in un castello magnifico con parco secolare, sembra una vera favola.

Ebbene anche io ho da fare, come avrai poi anche tu, i conti con: i figli, il lavoro, i mutui, le comunioni, i battesimi, le cresime, l'università. Personalmente io ci aggiungo i debiti...

Inoltre anch'io un giorno avrò da pagare il matrimonio dei miei figli.

In questo caso, con oltre 2500 matrimoni organizzati, potrò dare a loro gli stessi consigli che ho dato a te.

Metti tutte le informazioni del libro nel tuo database personale, dove hai già tutti gli altri dati che ti servono.

Scegli sempre con il cuore, facendoti aiutare dalla testa e decidendo però con la tua anima...

Ti auguro una vita
MERAVIGLIOSA
STUPENDA
EMOZIONANTE
BELLISSIMA
INTRIGANTE
SPUMEGGIANTE
ROMANTICA
ECCITANTE

Ma soprattutto UNICA... **LA TUA!**

Un ringraziamento particolare perché hai avuto il coraggio di arrivare quasi fino alla fine del libro: per questo ti meriti che nel prossimo capitolo io ti sveli **il metodo delle 4 gambe.**

CAPITOLO XI

Il metodo delle 4 gambe

Eccoci al penultimo capitolo, forse quello più importante, perché qui ti spiegherò il metodo con cui il tuo matrimonio non sarà un FLOP ma un evento da FAVOLA. Quello che tutti vorrebbero vivere.

Quest'ultima parte racchiude un po' tutti i problemi che potrebbero verificarsi nell'organizzare il tuo matrimonio in una cornice unica e magica che solamente una dimora antica può far vivere.

In questo libro ho cercato di farti capire un po' scherzando ed un po' in modo serio quali sono i molteplici scenari che potrebbero accaderti.

Ti ho spiegato quando è meglio prenotare, in base alla stagione preferita, oppure se hai una data speciale.

Ti ho anche consigliato come prendere l'appuntamento per la visita alla location e dove è meglio prenotare il tuo banchetto, per non creare problemi a tutti gli ospiti.

Data la mia grande esperienza, ti ho anche illustrato quali sono le differenze e le caratteristiche tra le varie dimore antiche, come ville e castelli, che nello scorso millennio non erano state costruite per le attuali esigenze di *banqueting*.

Ho cercato di spiegarti qual è l'importanza degli spazi a disposizione per gli ospiti, qualsiasi sia il meteo, e come gestiscono la logistica i professionisti che lavorano per il tuo matrimonio.

Ho posto in evidenza la grande differenza tra avere il catering esterno, che arriva alla location con le cucine mobili, oppure la cucina interna alla struttura antica.

Ti ho consigliato come invitare i tuoi ospiti in base alla distanza, al grado di parentela, e come trattarli dopo esserti sposata.

Ho cercato di insegnarti quanto siano fondamentali la professionalità e l'esperienza dello staff per la buona riuscita della tua festa e quanto sia importante mettere i dipendenti in condizioni ottimali per offrire un servizio perfetto.

Considerando la mia origine piemontese, della provincia di Cuneo, ti ho spiegato come è meglio comporre il menu del tuo banchetto, consigliandoti soprattutto prodotti del territorio ed il più possibile di stagione.

Ti ho anche illustrato le differenze tra i vari riti matrimoniali, ed essendo leader in Piemonte del rito civile con valore legale, ho fatto sì che ti rendessi conto di quanto sia bello un matrimonio all'americana ma anche di quanto possa essere brutto in caso di maltempo.
Soprattutto se non è stato pianificato un piano B, o meglio ancora un **secondo piano A**.

Ti ho anche consigliato che il matrimonio "fai da te" è sempre pericolosissimo, date le moltissime cose a cui hai da pensare ma soprattutto a causa della tua poca esperienza nel campo: è meglio collaborare con una professionista che sappia seguire i tuoi gusti e le tue esigenze, potrai così dedicarti solo alle tue emozioni.

Partendo da queste premesse, ecco nascere **il metodo delle 4 gambe** che è il risultato di oltre vent'anni d'esperienza e migliaia di matrimoni, organizzati tra l'altro tutti rigorosamente in dimore d'epoca.
Credo di potermi vantare, oggi, di essere uno dei massimi esperti del settore in Italia.

A questo punto, dovresti provare a immaginare il tuo matrimonio come un bel tavolo in legno massiccio con quattro belle gambe robuste.
Esso sta in piedi proprio grazie ad esse ma se togli una gamba, per robusto e massiccio che esso sia... il tavolo non resterà in piedi: cadrà clamorosamente.
Ebbene anche il tuo matrimonio deve essere solido e sicuro, come un tavolo stabile, per non rovinare l'unico prezioso giorno che hai a disposizione.

Ognuna delle **4 gambe** del tuo matrimonio ha un nome:

FUNZIONALITÀ
ATMOSFERA
LOGISTICA
SICUREZZA

Ora ti svelo il metodo a cui fare riferimento, sul quale devi assolutamente basarti.

Voglio che finita la tua giornata matrimoniale tu possa dire: «Se tornassi indietro lo organizzerei nello stesso identico modo».

Iniziamo dalla FUNZIONALITÀ.

La funzionalità si riferisce a tutti quegli aspetti che servono a rendere il tuo matrimonio **fruibile dagli ospiti**.

A proposito di funzionalità intendo ricordarti che la dimora antica, soprattutto il castello, è difficile da raggiungere da parte degli ospiti, e sovente il parcheggio è lontano e scomodo soprattutto per le donne con i tacchi.

Ricordi? I manieri antichi non erano strutture concepite per tale scopo, solo nelle favole della Disney è così! In realtà ci sono gradini e barriere architettoniche da tutte le parti.

Ti è mai capitato di essere seduta a un tavolo e di non riuscire a parlare con i vicini per via della musica altissima? Oppure di sentirti un'invitata di serie B perché seduta tra colonne e muri che non ti permettono di vedere gli sposi?

Quando pensi alle varie soluzioni, farsi prendere solo dagli aspetti esteriori non è mai una buona cosa perché anche se i tuoi ospiti noteranno l'atmosfera, si ricorderanno più facilmente dei problemi di FUNZIONALITÀ e delle difficoltà incontrate.

Vedi, la nostra mente è strana. Tende a ricordarsi molto di più le cose negative e fa passare in secondo piano quelle positive. Si stima che il ricordo di un problema avuto occupa lo stesso spazio nella nostra memoria di dieci cose belle.

Un matrimonio è fatto per essere a misura di ospite, non puoi dimenticare il loro benessere ed il senso stesso dell'**ospitalità**.

Ogni persona che sarà al tuo matrimonio viene con grande entusiasmo, con la voglia di essere vicina a voi in un momento importante della vostra vita.

Ogni invitato si sente onorato di ricevere il vostro invito ma spesso la proposta per la giornata, organizzata dagli sposi, è contraria alle loro aspettative.

Atmosfere da Hollywood e funzionalità da caserma.

Ti è mai capitato, da ospite, di sentirti un po' delusa?

Hai mai avuto la sensazione che gli sposi avessero dato poca importanza a te e agli altri?

Se ti è successo, è perché la parte funzionale di quell'evento non è stata curata, oppure la struttura che hanno scelto non era adeguata a un matrimonio.

Per cui fa' attenzione!

Quando scegli la tua dimora antica verifica che abbia tutte le comodità (soprattutto per le donne con passeggino e gli invitati più anziani).

Chiedi sempre al location manager dove in caso di maltempo verrà celebrata la cerimonia civile oppure l'aperitivo di benvenuto previsto nel parco.

Cerca di verificare che non sia al secondo piano della villa, con quattro scalinate scomode da far fare ai tuoi ospiti! Deve essere assolutamente un altro piano A!

Passiamo all'ATMOSFERA.

È anche questa una gamba importante ma meglio se affrontata dopo tutte le altre.

Devi infatti prima verificare che **Funzionalità**, **Sicurezza** e **Logistica** siano belle solide, a prova di criticità, e poi potrai passare ad occuparti dell'**Atmosfera**.

Facciamo chiarezza però su cosa significhi atmosfera.

Non si tratta solo di fiori e tulle ma dell'intero contesto, di tutta la cornice del tuo matrimonio.

L'atmosfera è data anche dalla luce, per esempio.

A volte trovi ambienti belli di giorno ma che di sera, quando si svolgerà il banchetto, si trasformano nella casa della famiglia Addams.

Luci fioche, ambienti scuri, ritratti inquietanti che ti guardano dalle pareti, manca solo che escano i camerieri con il frac e la scenografia di un film dell'orrore è pronta.

Il matrimonio ha dei momenti che devono essere formali per il significato che hanno, ma poi si deve poter far festa.

Dover rimanere tutti ingessati perché l'ambiente vincola la festa, i balli, la musica, è proprio triste.

La festa è fatta dagli ospiti, dalle luci e dagli arredi, ma ovviamente anche dalla musica.

Dopo una giornata impegnativa per tutti, dopo aver mangiato e bevuto oltre le proprie abitudini, un matrimonio organizzato come si deve, un matrimonio davvero memorabile, dovrebbe mettere gli ospiti in condizione di fare festa come desiderano.

Ci sono quelli che vogliono scalmanarsi con trenini e *disco dance*, ci sono quelli che vorranno degustare un po' di ottimo Rum accompagnato da un sigaro, poi ci sono quelli che preferirebbero rimanere seduti a parlare con persone che non vedono da anni.

Insomma, ad ognuno il suo.

E invece...

Sei costretto a stare in un unico ambiente che mescola musica a volume altissimo, gente che balla, gente che vorrebbe parlare e urla, bambini che dormono sulle sedie perché è finito il servizio delle animatrici: le cose cambiano.

Capirai che questa atmosfera è un po' diversa rispetto a quella ottimale che un matrimonio di un certo livello richiede.

Luce, musica, arredi, fiori creano l'atmosfera giusta.

A questi si aggiungono quei particolari che sottolineano lo stile del matrimonio, come i tovagliati, i *runner* colorati, le tipologie di porcellana, i materiali utilizzati per allestire i buffet, la presentazione della torta.

L'atmosfera deve essere il suggello di **un lavoro al top!**

Be', in questi casi non ci sono tanti dubbi.

Metti pure che ci siano i viali in porfido e le statue illuminate, magari con le palme e la piscina in giardino, il tutto contornante una struttura moderna in cemento armato per il banchetto, arredata bene e con gusto...

Ma vuoi mettere l'**ATMOSFERA** sprigionata da ogni singolo mattone di un vero castello medievale, in piedi e fiero da quasi mille anni, e che sicuramente rimarrà splendido e orgoglioso per molti secoli ancora!

Un catello elegante e maestoso per ricordare tutti gli eventi passati.

Compreso il tuo!

Se pensi che dove ti sposi oggi una volta passeggiavano principi, dame dagli ampi vestiti e nobili cavalieri... è una sensazione unica ed emozionante.

Se per di più riesci ad avere il maniero in esclusiva, ebbene in questo caso sei una delle pochissime persone che ha provato cosa vuol dire essere una principessa! Sai cosa significa sposare il tuo principe azzurro nel castello delle favole, con la **GARANZIA** che tutto sia perfetto.

Ora siamo alla terza gamba, quella della LOGISTICA.

Come abbiamo già visto, il matrimonio oggi richiede una grande organizzazione e gli ospiti si aspettano di trovare ogni tipo di comfort, in ogni momento e occasione.

Tante volte ho visto la delusione sul volto di qualche invitato solo perché in giardino non c'è un set di divani per rilassarsi o perché il cameriere gli ha negato una Coca-Cola. Gli ospiti non si rendono mai conto di dove sono e per loro è scontato che in ogni matrimonio ci sia TUTTO, MA PROPRIO TUTTO a disposizione.

Ora capisci bene che questo è impossibile se scegli un catering ma ciò non vuol dire che tu non debba fare il massimo perché non rimangano delusi.

Forse è la gamba che noti meno ma è fondamentale!
La gamba della funzionalità è riferita soprattutto ai tuoi ospiti,

mentre la gamba della **LOGISTICA** riguarda tutti i servizi connessi, compreso tutto il personale e gli addetti all'organizzazione del tuo matrimonio.

Sovente le strutture antiche sono solo delle location che mettono a disposizione il prestigioso edificio, mentre tocca a te provvedere al catering e all'eventuale arredamento.

Ecco che la **LOGISTICA** è un fattore fondamentale per la buona riuscita della tua festa.

Mi ricordo di un matrimonio in cui ero ospite, dove gli sposi avevano scelto una Palazzina di Caccia sulla cima di una collina. Un bel colpo d'occhio, un bel viale che ti guidava verso questa struttura storica. Peccato che tutti gli inviati erano costretti a parcheggiare le loro auto ai piedi di quella collina. Il parcheggio, infatti, era stato ricavato in un campo che distava 200 metri dalla struttura.

Sorvoliamo sul pericolo che si è corso parcheggiando 100 auto con le marmitte incandescenti in un campo con erba secca e sterpaglie.

Ma vogliamo parlare di cosa vuol dire obbligare cento signore a uscire dal campo e fare 200 metri a piedi sulla ghiaia?

Io non uso i tacchi ma posso immaginare che sia peggio che camminare sui carboni ardenti.

Anche io ero sconvolto, nonostante avessi un paio di scarpe molto più comode rispetto a mia moglie.

Se non prendi in considerazione le problematiche, non le analizzi dal punto di vista degli ospiti, ogni scelta che fai sarà solo in funzione della bellezza.

Quel matrimonio è stato tragico anche per un'altra cosa, che a ripensarci oggi fa sorridere... ma quel giorno ho visto gente davvero arrabbiata.

Eravamo 180 invitati e c'erano solo due bagni piccoli al pian terreno e un altro al piano superiore.

Un continuo di file interminabili. C'era più fila ai bagni che ai buffet!

Lo so che non è una bella immagine ma sento l'obbligo di raccontarti queste cose perché è su questi passaggi che si gioca la riuscita del tuo matrimonio.

Proprio perché queste dimore d'epoca, come già detto in precedenza in merito alla funzionalità, non erano create per ospitare cucine moderne e attrezzate, per servire 200 coperti del banchetto.

Attualmente si può optare per il catering che dispone una cucina da campo in una sala secondaria del castello oppure sotto un tendone di plastica senza alcun controllo igienico-sanitario.

Diverso sarà se il catering arriva alla location con la cucina mobile, scaldando solamente il cibo preparato in sede, ricordi?, per via della legge che non consente di preparare alimenti fuori dalla sede.

Tutto questo andrà a discapito della freschezza e della qualità del cibo, quindi anche del tuo banchetto.

Molto diversa è la situazione per quelle dimore antiche che hanno la cucina interna con il permesso sanitario... ma su questo ti ho già spiegato tutto.

Quando senti dire che i particolari fanno la differenza, ti vengono in mente subito i nastrini, i fiocchi, il *tableau de mariage*, in verità non saranno solo queste le cose che faranno capire ai tuoi ospiti che sei davvero stata brava a organizzare il tuo matrimonio.

È qui che avranno la misura esatta di quanto sei stata in gamba e di quanto il vostro matrimonio meriti di rimanere **nei loro ricordi come il più bello di sempre**.

Infine, come ultima gamba, ti parlerò della SICUREZZA del tuo matrimonio.

La sicurezza è secondo il mio parere la gamba più importante... ma paradossalmente la meno considerata.

Per **sicurezza** intendo soprattutto la certezza del risultato, **qualunque cosa accada**!

In vent'anni non ho mai conosciuto una sposa che quando mi spiegava il suo matrimonio lo immaginava con il temporale, il vento e il freddo.

Anche per i matrimoni a dicembre ti viene subito in mente la magia delle candele, il tepore del caminetto, la musica natalizia e gli ospiti felici.

Ci rifiutiamo categoricamente di pensare che nel giorno del nostro matrimonio possa piovere. Non pensiamo neanche che ci possa essere qualche nuvola.

Il giorno del matrimonio, per statuto, deve esserci il sole! Ce lo possiamo immaginare solo così!

Ma a mente fredda sai bene che con il meteo, specie in questi ultimi anni, non possiamo essere sicuri di niente.

Anche le previsioni sono poco attendibili, si sono formati i microclimi e ogni territorio ha il suo meteo.

A volte guardi sui siti specializzati, ti dicono che c'è il sole e invece sei sotto l'ombrello in mezzo ad un temporale.

Nel 2016, da una stima fatta sui dati della nostra regione, il 70% dei weekend tra maggio e settembre ha visto pioggia e maltempo.

I nostri nonni dicevano: «Non ci sono più le mezze stagioni». Ma qui è il caso di dire che si è girato il mondo!

Anche se al problema pioggia ci avevi già pensato, forse adesso hai la situazione più chiara.

MA ASPETTA!
Perché non abbiamo ancora analizzato tutte le possibilità.

Un aspetto che nessuno mai prende in considerazione è l'esatto contrario del pericolo pioggia: **le alte temperature e il sole cocente.**
Cerimonie all'aperto sotto il sole delle cinque.
Aperitivi a mezzogiorno.
Angoli degli antipasti sotto lo scoppio del sole che, anche se protetti da qualche ombrellone, gridano vendetta.
Salumi ossidati, formaggi che sembrano usciti dal microonde, angoli del pesce... lesso.

Ogni cosa su quei buffet, anche se cucinata e servita con tutta la passione di questo mondo, si trasforma in una potenziale bomba batteriologica.

Ecco quindi che mettere in sicurezza un matrimonio, e fare in modo che con qualunque situazione meteorologica sia comunque un grande evento, diventa una necessità assoluta!

Quando si pensa ad un buffet di antipasti o anche ad un aperitivo, deve essere sempre previsto uno spazio al coperto, con la giusta capienza per tutti.

Anche il taglio della torta è sempre un momento sul quale si ripongono molte aspettative.

Spesso però mi è capitato di vedere foto di torte tagliate in ambienti di fortuna, con sfondi orribili o in spazi così ristretti che solo il 30% degli ospiti ha potuto partecipare a quel momento.

Francamente non mi sembra si possa parlare di momento top, tra l'altro, quelle immagini ti tormenteranno per tutta la vita.

Ogni volta che guarderai l'album, le foto saranno lì a ricordarti il **Flop** di quel giorno.

Come hai capito seguendo **il metodo delle 4 gambe** hai sempre la **GARANZIA di vivere una favola**!

Ma io aggiungerei per la tua festa ancora un ingrediente magico: l'**ORIGINALITÀ**.

Il tuo matrimonio deve essere ricordato per essere unico e in questo puoi riuscire solo con l'originalità.

Fai attenzione! Perché molte volte ho visto spose confondere l'originalità con il *kitsch*.

L'originalità infine è molto semplice, basta essere se stessi.

Come te non c'è nessuno!

Può essere un colore che crea il *fil rouge* per tutto l'evento o un tema che vi sta a cuore in modo particolare.

Può anche essere la musica giusta nel momento giusto, può essere il centrotavola, alla sera con romantiche candele. Sovente sono le luci nel parco del castello oppure il *light design* nella sala, dove poi ballerete il disco di fine serata.

Ma il matrimonio è anche una festa in cui ti devi togliere degli sfizi che forse non ti capiteranno mai più...

Come ad esempio decorare tutto con fiori in un modo che nessuno ha mai visto.

Oppure arrivare alla dimora d'epoca in modo principesco, con la carrozza trainata da quattro cavalli bianchi.

Per non parlare dei fuochi d'artificio personalizzati, che vanno a tempo del tuo brano musicale preferito.

Farà colare tutto il rimmel alle amiche e alle zie.

Insomma, al giorno d'oggi c'è solo l'imbarazzo della scelta. L'unica cosa che voglio farti capire e che spero tu abbia imparato, è che in questo campo tu non hai esperienza... per cui niente "fai da te"... se non vuoi rischiare che il tuo matrimonio sia un FLOP.

Mettiti nelle mani di pochi e seri professionisti.

Riassumiamo **il metodo delle 4 gambe**:

F – UNZIONALITÀ	la gamba per gli ospiti
A – TMOSFERA	la gamba per te
L – OGISTICA	la gamba per i professionisti
S – ICUREZZA	la gamba per tutti
O – RIGINALITÀ	l'ingrediente segreto per rimanere impressa nella mente

La parola che esce prendendo le iniziali di ogni gamba più l'ingrediente magico è:

FALSO

Ebbene, **FALSO** è quello che ti dice il location manager oppure il titolare del catering se non prende in considerazione tutte le 4 gambe del tavolo.

CAPITOLO XII

Il mio castello

Quando una coppia, nel valutare le diverse opzioni, decide di sposarsi in un castello, secondo me ha validi motivi per farlo.

Ed io sono partito da qui, ho voluto creare un percorso che mi portasse dentro al problema per vedere se davvero fosse impossibile fare un matrimonio al **top** in una dimora storica.

Ti racconto da dove sono partito e cosa mi ha portato a realizzare più di 2500 matrimoni in questi vent'anni.

Quando io avevo solo un anno, mio papà si è trasferito in Danimarca per lavoro: tutta la famiglia l'ha seguito.

Ho fatto tutte le scuole dell'obbligo in quel Paese straordinario da cui ho appreso alcuni **VALORI** che sono poi diventati fari nella mia vita.

Primo tra tutti: DARE IL MASSIMO!

In Danimarca non esiste nulla che venga fatto al semplice scopo di esser fatto. Sembra un gioco di parole ma spesso vedo gente che si butta a fare qualcosa, a proporre qualche servizio, con appena qualche rudimento di conoscenza.

Oppure vedo situazioni tutte apparenza, così superficiali che è palese cosa aveva in testa chi le ha organizzate: «Tanto le spose quel giorno sono stordite dall'emozione e non se ne accorgono».

Ecco, in Danimarca ho imparato che se fai una cosa non esistono le mezze misure, e l'unica possibilità è quella di farle al meglio.

Un altro importante **insegnamento** che ho appreso è questo: non esistono schemi preconfezionati.

L'uomo deve poter tentare anche quello che è considerato impossibile.

Questo è il concetto che mi ha portato alla ricerca di soluzioni anche quando sembravano irrealizzabili.

L'assenza di schemi l'ho imparata da una cosa che non c'entra niente con il matrimonio: dalla mia grande passione, **LA VELA**.

In Danimarca vivevo a pochi metri dal Mare del Nord, e nei pomeriggi invece di giocare a calcio uscivo in mare con gli amici.

Un'esperienza educativa formidabile, che mi ha spinto a cercare sempre di esprimermi in libertà, di fare e dire cose senza pregiudizi e in piena trasparenza.

Negli anni ho voluto applicare questi insegnamenti prima di tutto a me stesso, e ho accettato alcune sfide estreme che mi hanno fatto capire quanto fosse importante **prepararsi al meglio per ogni cosa che si vuole fare**.

Ho doppiato in barca quattro dei cinque grandi capi che esistono nel mondo, da Capo Horn al Capo di Buona Speranza, passando per Cape Leeuwin in Australia, in mezzo a venti ostili che si contendevano la mia vela.

Ho avuto l'onore di far parte del primo equipaggio che ha compiuto il passaggio a nord-ovest su una barca a vela, tra i ghiacci dell'Oceano Artico che giorno e notte tentavano di stringere la nostra barca nella morsa del gelo.

Queste esperienze mi hanno forgiato e mi hanno insegnato la cosa più bella di tutte, quella a cui tengo di più:

Ogni sfida la puoi vincere solo se analizzi tutti i problemi che si possono presentare e ti prepari al meglio per prevenirli.

Se ci pensi, è la stessa cosa che stiamo facendo insieme in questo libro.

Stiamo analizzando tutte le possibili problematiche di un matrimonio in una struttura d'epoca per poi **trovare le soluzioni più sicure**.

Una volta tornati in Italia, per alcuni anni con la mia famiglia ci siamo occupati di diverse attività.

Ma un giorno è successa una cosa straordinaria.

Un amico di famiglia ci dice che in un paesino di campagna nel cuneese c'è un castello che ha bisogno di un restauro, e se nessuno fosse intervenuto presto questa struttura avrebbe rischiato di andare in malora.

Noi abbiamo accettato, più per curiosità che per altro, di visionarlo di persona.

Io mi ricordo ancora come se fosse adesso che l'appuntamento era alle 9 di mattina.

Arrivati in macchina, da lontano abbiamo visto questo paesino completamente avvolto dalla nebbia, e come a volerla bucare si vedevano le due torri di un imponente castello.

Una visione surreale, che mi ha regalato un'emozione fortissima, che ancora oggi non so spiegare. Una specie di attrazione irresistibile. Arrivati ai piedi di questo maniero, ci siamo resi conto di quanto fosse imponente.

Ospitava anticamente una guarnigione degli Acaja, che presidiavano il territorio dagli attacchi del potente marchesato di Saluzzo.

Una struttura imponente e fiera della sua storia nonché del ruolo che aveva avuto.

Appena entrati, ci siamo resi conto della potenzialità di quella struttura.

Negli ultimi anni era stata trasformata in ospedale e per farlo avevano praticamente abbattuto tutti gli ostacoli tipici di un castello: i gradini, i passaggi stretti; ed era stato tutto livellato. Anche i servizi, così come gli spazi della cucina, erano stati ricavati in metrature molto ampie e comode.

Era stato perfino inserito un ascensore per servire i diversi piani.

Insomma abbiamo subito capito che si trattava di una situazione unica, eccezionale proprio per la fortunata storia, logisticamente parlando, che quell'edificio aveva avuto.

Ero entrato come curioso e ne uscivo come imprenditore che aveva un progetto su quel castello!

Curioso, ma è andata proprio così.

Abbiamo così deciso di farla diventare **il Castello dei Matrimoni**.

I lavori di restauro ci hanno impegnato moltissimo, sia in termini di investimenti che di tempo.

Durante la progettazione per il restauro siamo partiti proprio dall'analisi dei problemi che una sposa avrebbe potuto incontrare nell'organizzazione del suo matrimonio, e dalla **prima gamba:**

la funzionalità.

Il parcheggio lo abbiamo voluto ricavare da uno spiazzo adiacente agli spazi del castello, in questo modo nessuno sarebbe stato costretto a maratone su ciottoli con il rischio continuo di distorsioni.

È un parcheggio grandissimo, privato e ben illuminato. A dieci metri dall'ingresso!

Abbiamo ricavato bagni spaziosi per ospiti e disabili adattandoci alle esigenze del nuovo millennio, per non creare file interminabili per gli invitati.

Abbiamo abbattuto tutte le barriere architettoniche possibili per agevolare anziani e passeggini.

Poi siamo passati alla cosa più complicata: IL PIANO B:

la sicurezza.

Il castello era già dotato di tanti spazi, anche grandi, ma non aveva una sala per matrimoni importanti né uno spazio per un buffet di antipasti all'altezza.

Così, dopo aver presentato il progetto alla Sovrintendenza delle Belle Arti, abbiamo ottenuto il permesso di costruire il gioiello della struttura.

Abbiamo coperto tutta la corte del castello – più di 400 metri quadri – con una struttura in legno e vetro, in seguito nominata *La corte degli Acaja*.

La pavimentazione è stata completamente rifatta per permettere di camminare e ballare agevolmente, sono poi stati aggiunti gli impianti di condizionamento e di illuminazione.

Ma il vero orgoglio è la vista che si ha da quella corte.

Una parete di vetro, larga venti metri ed alta sei, permette di mangiare in qualunque condizione e ti dà la sensazione di essere all'esterno, perché si affaccia direttamente su un parco di 15.000 metri quadrati.

Questa è una delle cose più apprezzate da chi l'ha visitata.

Uno spazio grandissimo, imponente e degno di un castello di tale importanza, dove poter organizzare il banchetto, il buffet degli antipasti, il dopocena... o semplicemente uno spazio per il ballo e la festa.

Con questo avevamo risolto molti dei problemi che la sposa avrebbe potuto incontrare in una struttura d'epoca.

Ma non avevamo pensato a tutto: mancava la quarta gamba, dopo quella dell'**Atmosfera** data dal castello,

quella della **Funzionalità** per gli ospiti,

quella della **Sicurezza** e del piano B per tutti,

mancava ancora da risolvere l'enigma la per il personale di servizio e cucina:

la logistica.

Il dubbio più grande lo abbiamo avuto quando abbiamo affrontato il discorso cucina.

Per noi sarebbe stato molto semplice fare come tutti: accordarsi con alcuni catering e limitarsi ad affittare la location.

Ma ci siamo subito resi conto delle mille difficoltà che ci sarebbero state, e del fatto che non avremmo offerto un buon servizio alle spose.

Così ci siamo adoperati per mettere insieme le migliori squadre che potevamo avere sul territorio e abbiamo creato la nostra *brigata di cucina*, che ancora oggi è con noi.

Subito abbiamo capito che era stata la scelta giusta, perché il **nostro approccio** voleva agire **sul territorio**.

Abbiamo voluto fortemente creare una proposta che si basasse sulle eccellenti materie prime del cuneese.

Non ci interessava usare prodotti semipronti per fare prima, o preparati industriali per risparmiare. Avevamo la fortuna di essere nella provincia con più docg d'Italia e dovevamo usare tutto quello che questo territorio ci metteva a disposizione.

Così con i nostri chef abbiamo allestito proposte menu che prendono in considerazione solo prodotti della nostra terra. Una scelta a volte difficile, sia economicamente che fisicamente, per reperire le materie prime, ma ripagata dalle espressioni di ogni ospite quando mangia i nostri piatti.

Mi ripeto: da quel giorno abbiamo servito più di 2500 coppie di sposi. Se calcoli che ad ogni matrimonio c'è una media di 150 invitati, questo significa che abbiamo servito le eccellenze della cucina cuneese a quasi 400.000 persone!

Quando ci penso mi sorprendo anche io, ma mi riempio subito di orgoglio per un numero così importante.

Credo che in nessun luogo del Piemonte questo dato sia replicabile, sopratutto in.

Tuttavia non è solo la quantità che mi piace ricordare. Vado orgoglioso soprattutto delle migliaia di recensioni entusiaste di cui tutte queste persone hanno lasciato traccia sul Web. TripAdvisor, www.matrimonio.com, Facebook. Insomma la nostra cucina viene celebrata ovunque, e la cosa che ci fa molto piacere è che non si tratta solo di sposi, ma ci sono tanti ospiti che si sono presi del tempo per scrivere cose bellissime sui nostri banchetti.

Negli anni abbiamo fatto tutto quello che ci sembrava giusto per poter migliorare l'esperienza degli sposi e dei loro ospiti. Ogni giorno per noi era quello giusto per innovarci e per cercare nuove soluzioni.

Tutto questo lavoro, dal restauro del castello alla continua ricerca, ha dato vita al **Castello dei Solaro**.

Il **Castello dei Solaro** è diventato una specie di istituzione, tutti gli addetti ai lavori hanno lavorato almeno una volta da noi.

I nostri spazi sono strutturati a misura di matrimonio, e questo ci ha permesso di organizzare anche quattro matrimoni in un solo giorno, divisi nei vari ambienti.

Poi con il tempo ci siamo resi conto che mancava ancora un tassello per rispondere **davvero** a tutte le problematiche di una sposa che sogna un castello medievale.

Ti racconto l'ultima parte di questa storia, che forse è la più bella.

Io e Loredana siamo i titolari del Castello dei Solaro dal 1997. Fin dai primi tempi abbiamo potuto constatare che il castello era pieno di gente ed eventi tutti i giorni. Era un continuo via vai di ospiti, sposi e fornitori che montavano e smontavano.

Una grande soddisfazione... ma dovevamo far fronte anche a tante energie per essere sempre al top.

Il caso ha voluto che un giorno il castello rimanesse vuoto. Dopo anni di feste ininterrotte, il castello era avvolto dal silenzio.

Io e Loredana ne approfittiamo per goderci il parco e organizziamo un aperitivo sulla panchina nel viale dei tigli.

Il silenzio di quella straordinaria natura, il romanticismo degli uccelli intorno a noi, una leggera musica che veniva dall'interno sono stati interrotti da un'idea.

Anzi, più che un'idea è stata una presa di consapevolezza.

Una specie di magia: io e Loredana ci guardiamo negli occhi ed entrambi ci rendiamo conto che eravamo soli in quel paradiso, un po' come un principe e la sua principessa che erano i padroni di tutto il castello.

Una sensazione strepitosa, difficile da raccontare. Solo se la vivi la puoi comprendere davvero.

Ci siamo resi conto che dovevamo dare agli sposi l'opportunità di vivere la stessa emozione.
Gli sposi dovevano sentirsi i padroni di quel castello e **vivere la loro fiaba in esclusiva**.
Così abbiamo fatto l'ultimo passo verso il progetto perfetto. **Un castello in esclusiva**, dove tutti gli spazi sono a disposizione per gli sposi e i loro ospiti.

Due sposi che diventano, per il giorno più importante della loro vita, **proprietari esclusivi del Castello dei Solaro**.

Un privilegio unico, che risolve definitivamente tutte le problematiche che una sposa può incontrare nelle residenze d'epoca. Questa trasformazione offre davvero qualcosa di esclusivo e di ben strutturato.

Ogni "cosa" è allestita e pensata a misura di matrimonio: all'interno di una struttura antica, perché abbiamo avuto la possibilità di intervenire in modo non convenzionale.
Siamo stati fortunati perché prima di noi erano intervenuti con opere che hanno adattato il castello ad altri usi.

Oggi sarebbe inimmaginabile una cosa del genere.

È per questo che ti dico che il Castello dei Solaro è unico.

Oggi io e Loredana abbiamo raggiunto la consapevolezza di aver risposto a tutti i grandi problemi...

... per fare in modo che il tuo matrimonio non sia un FLOP...
... bensì la tua meravigliosa ed indimenticabile FAVOLA.

Testimonianze

Qui di seguito, riporto alcune tra le più belle recensioni che ci sono state tributate!

MATRIMONIO DA FAVOLA

Io ed Elisa ci siamo sposati il 16 giugno, con rito civile, nel parco del Castello dei Solaro. È stato bellissimo!!! Siamo stati seguiti dal personale (Loredana e Fabio) della struttura già dalle fasi iniziali dell'organizzazione della cerimonia, con consigli che abbiamo trovato molto professionali. Il risultato è stata una cerimonia bellissima, un aperitivo eccezionale ed una cena squisitissima. Molto utili e molto apprezzati anche i suggerimenti relativi alle varie possibilità di intrattenimento degli ospiti. Grazie di tutto!!!!!

MATRIMONIO FIABESCO

Ogni ragazza sogna un matrimonio da favola... ma se non trovi il luogo e le persone giuste, tutto ciò diventa più difficile...

Il mio lo è stato... ci siamo sposati con rito civile il 24 giugno, nel meraviglioso parco del castello... è stato tutto perfetto, mi sono sentita una principessa... questo grazie al lavoro costante di tutti voi, Loredana, Fabio, Danilo, la cara Rosa, tutti i camerieri e il loro meraviglioso chef! Ho trovato in voi una nuova casa e non esagero nel dirlo...

Se non ci foste stati voi ad organizzare ogni minimo dettaglio ci saremmo sentiti persi.

Grazie di cuore per tutto... rimarrete sempre un dolcissimo e meraviglioso pezzo della Nostra vita.

MATRIMONIO PERFETTO

Ci siamo sposati sabato 24/6/2017.

Fin dalla prima volta che siamo andati a vedere il castello ci erano piaciuti.

Ben organizzati, posto da favola, giardino fantastico, tutto curato nei minimi dettagli. Al matrimonio non avremmo potuto volere di più.

Perfetti e precisi in tutto... tempistiche perfette. Dagli antipasti fino al fiore di frutta. Super disponibili per qualsiasi cambiamento durante la serata.

Per non parlare del cibo. Spettacolare!!! Tutti gli invitati ci hanno fatto i complimenti. Un grazie particolare a Loredana per averci seguito e consigliato durante tutto il percorso fino al matrimonio. Dal tableau de mariage bellissimo, ai palloncini a led...

Veramente un matrimonio da FAVOLA!!!

Grazie ancora di tutto

MATRIMONIO INVERNALE

Io e Sara ci siamo sposati al Castello dei Solaro il 04 febbraio 2017. È stata una giornata stupenda, anche grazie al supporto, alla cortesia e al servizio di tutte le persone del Castello che ci hanno accompagnato in questo sabato. Un buffet molto ricco (che ho solo sfiorato causa foto), ha lasciato il posto ad un pranzo ben cucinato e molto ben servito. Lo consiglierei agli amici, noi ci siamo trovati benissimo!

VI PORTEREMO SEMPRE NEL CUORE

È stato un sogno... ci avete coccolato, curato, seguiti in ogni aspetto dell'organizzazione del nostro matrimonio civile e del ricevimento. I nostri ospiti si sono emozionati, divertiti e soprattutto si sono complimentati per la scelta del posto e per l'ottima cucina. Vi porteremo sempre nel cuore.

NON POTEVAMO CHIEDERE DI MEGLIO

Io e mio marito abbiamo deciso di celebrare il ns matrimonio civile presso il castello... è stato semplicemente fantastico! Personale sempre disponibile sia nell'organizzazione che nella celebrazione del rito ma soprattutto durante la festa... tutto perfetto tutto fantastico! Sceglierei altre 1000 volte il castello!! Grazie di tutto!! Vale ed Alby

IL MASSIMO!

Aggiungere altro a quanto di bello già scritto nelle recensioni precedenti è quasi impossibile... Ci riduciamo solo a dire che per fare un matrimonio ci vogliono tanti ingredienti... E un ingrediente essenziale è il luogo in cui festeggi con chi ti sta più a cuore... Questo luogo ha reso il nostro matrimonio qualcosa di speciale... La location ideale per

vivere appieno il giorno più importante della tua vita... Grazie di tutto.
Silvia & Ale

NON POTEVO CHIEDERE DI PIÙ

Organizzazione gentilezza disponibilità precisione professionalità affetto e serietà... solo alcuni degli aggettivi che distinguono questo fantastico locale... il cibo è la ciliegina su una torta già di per sé meravigliosa... grazie di vero cuore per aver reso il nostro giorno un GRANDE giorno... Flavia Sasha e Sofia

MATRIMONIO RIUSCITO ALLA GRANDEEE!

16/07/2016 rimarrà indelebile questa giornata!! Matrimonio da favola riuscito alla grande in questa location stupenda in tutto e x tutto... il posto curatissimo... il personale e lo staff professionali, precisi, gentili... siamo stati veramente soddisfatti insieme a tutti i nostri invitati che fanno complimenti x la scelta della location... lo consiglio vivamente a chiunque!! Grazie ancora x tutto!!

IL MATRIMONIO CHE SOGNAVAMO

Noi siamo gli sposi Francesca & Alfio del 18 Giugno 2016 e per il Nostro Ricevimento siamo andati al Castello dei Solaro.

Dalla prima volta che avevamo cenato al Castello per una cena romantica a lume di candela ne eravamo rimasti incantati e per questo motivo la scelta della nostra location è stata molto semplice: il Castello era la cornice da favola perfetta per il Matrimonio dei nostri Sogni!!

La giornata del Nostro Matrimonio è stata una giornata indimenticabile che porteremo per sempre nei Nostri Cuori!! Tutti i nostri ospiti sono rimasti affascinati da ogni parte del Castello, dall'allestimento molto curato e raffinato della nostra sala XIII Secolo ed estasiati per il cibo (complimenti allo chef Daniele Rivoira!). Insomma, è stato TUTTO fantastico!

Per non parlare dei fuochi d'artificio... uno spettacolo Unico che ci ha lasciato tutti a bocca aperta... nemmeno alle feste dei paesi sono così spettacolari!!

L'organizzazione è stata perfetta, era tutto sotto il controllo del perfezionista maitre Fabio (indispensabile presenza!) che ha gestito il tutto in maniera egregia insieme al responsabile di sala...

Ogni singolo dettaglio era stato da noi pensato e ripensato e condiviso con la cara e bravissima wedding Loredana che ci ha supportato e sopportato nell'organizzazione del Nostro Matrimonio!

Un ringraziamento di Cuore va quindi a tutto lo staff del Castello perché si sono dimostrati sempre cordiali, gentili e disponibili nei nostri confronti, hanno sempre ascoltato ogni nostra singola esigenza e han fatto sì che il Nostro Matrimonio rimanesse per tutti noi Unico e Indimenticabile!

Un Grazie di Cuore a tutti Voi che avete reso possibile il Nostro Sogno... Siete stati veramente fantastici!!

E presto torneremo per una cenetta anche perché ci siamo affezionati molto a questo luogo da favola che per noi significa davvero tanto!!

SEMPLICEMENTE PERFETTO

Il 21 luglio 2016 abbiamo celebrato qui il nostro matrimonio e ad evento finito possiamo solo ringraziare di cuore tutto il team del Castello dei Solaro!

Un evento importante come questo ha il problema che deve essere perfetto, non si può sbagliare nulla perché non c'è una seconda occasione, non si può rifare o aggiustare e dovendo organizzare tutto via telefono o utilizzando le email (perché viviamo all'estero) avevamo tanti dubbi. Invece grazie alla loro disponibilità, professionalità ed esperienza tutto è stato perfetto.

L'organizzazione.

Durante tutta l'organizzazione siamo stati seguiti ed aiutati nel fare le nostre scelte e siamo stati anche assecondati in quelle magari meno convenzionali.

Ci hanno sempre seguito e fornito consigli, inviandoci delle proposte grafiche, ritocchi, esempi per ogni punto che abbiamo affrontato insieme.

Ad una settimana dal matrimonio finalmente li abbiamo incontrati di persona ed è stato bello vedere come erano interessati ad ogni singolo dettaglio, "maniacali" anche più di noi!

Il ristorante e il pranzo, tutto chiaro sin da subito. Prezziario ottimo e chiaro. Qualità del cibo FAVOLOSA. L'importante è che noi siamo stati contenti, ma sapere che nemmeno un invitato ha lasciato qualcosa nel piatto non ha prezzo! La "pecca" però è che dovete prepararvi a sentirvi dire "ma che buono era il cibo?" invece di "eravate bellissimi".

Concludendo abbiamo vissuto la nostra giornata più bella nel modo

migliore possibile. È stato tutto perfetto come abbiamo sempre sognato e lo dobbiamo soltanto a loro, dal primo all'ultimo. Partendo
dalle persone in comando che hanno orchestrato il tutto in maniera
impeccabile passando dallo Chef che ha cucinato del cibo buonissimo,
arrivando infine ai camerieri che con gentilezza e disponibilità ci hanno
viziato e coccolato durante tutta la giornata.

Grazie!

Indice

Ringraziamenti 1

Un castellano doc di *Roberto Di Carlo* e *Stefano Melaragni* 3

Introduzione...5

CAPITOLO I
Quando prenotare la location 9

CAPITOLO II
Dove e come scegliere la dimora storica................................ 21

CAPITOLO III
Differenze tra le strutture antiche 33

CAPITOLO IV
Cucina interna oppure catering?.. 43

CAPITOLO V
Invitati e ospiti alla tua festa.. 55

CAPITOLO VI
Organizzazione dello staff... 69

CAPITOLO VII
Il banchetto di nozze.. 79

CAPITOLO VIII
Il rito del matrimonio.. 99

CAPITOLO IX
Fai da te o wedding planner? 111

CAPITOLO X
Il giorno delle nozze.. 125

CAPITOLO XI
Il metodo delle 4 gambe 141

CAPITOLO XII
Il mio castello 153

Testimonianze 161

CASTELLO dei SOLARO

www.matrimonioindimoradepoca.it/libro

www.ingramcontent.com/pod-product-compliance
Lightning Source LLC
Chambersburg PA
CBHW070810280726
48660CB00015B/185